企业管理与科技发展建设

刘莉霞　贾丽丽　李开亮　主编

哈尔滨出版社
HARBIN PUBLISHING HOUSE

图书在版编目（CIP）数据

企业管理与科技发展建设 / 刘莉霞 , 贾丽丽 , 李开
亮主编 . -- 哈尔滨 : 哈尔滨出版社 , 2025. 2.
ISBN 978-7-5484-8308-3

Ⅰ . F272

中国国家版本馆 CIP 数据核字第 2024BJ0446 号

书　　名：**企业管理与科技发展建设**
QIYE GUANLI YU KEJI FAZHAN JIANSHE

作　　者：刘莉霞　贾丽丽　李开亮　主编
责任编辑：赵　芳
封面设计：周书意

出版发行：哈尔滨出版社（Harbin Publishing House）
社　　址：哈尔滨市香坊区泰山路82-9 号　　邮编：150090
经　　销：全国新华书店
印　　刷：捷鹰印刷（天津）有限公司
网　　址：www.hrbcbs.com
E-mail：hrbcbs@yeah.net
编辑版权热线：(0451)87900271　87900272

开　　本：787mm × 1092mm　1/16　印张：11.75　字数：192千字
版　　次：2025 年 2 月第 1 版
印　　次：2025 年 2 月第 1 次印刷
书　　号：ISBN 978-7-5484-8308-3
定　　价：58.00 元

凡购本社图书发现印装错误，请与本社印制部联系调换。
服务热线：（0451）87900279

编委会

主　编　刘莉霞　贾丽丽　李开亮

副主编　张祎洁　高　跃

编　委　赵国栋　吴博洋

前　言

　　随着科技的发展和社会的进步，企业管理与科技发展建设成为现代社会的重要课题。在这篇文章中，我们将探讨企业管理与科技发展建设之间的相互关系，以及它们对企业和社会的深远影响。

　　企业管理是企业运营的核心，它涉及企业的战略规划、组织架构、人力资源管理、财务管理等多个方面。高效的企业管理能够确保企业的稳定发展，提高企业的市场竞争力，同时也能够为员工提供良好的工作环境和福利待遇。随着科技的进步，企业管理的模式也在发生着变化。人工智能、大数据、云计算等新兴技术的应用，为企业提供了更多的管理工具和方法。这些技术不仅可以提高企业的生产效率，降低成本，还可以通过数据分析，为企业提供更加精准的决策支持。因此，企业管理与科技发展建设是相辅相成的，科技的发展为企业管理提供了更多的可能性，而高效的企业管理也需要借助科技的力量。

　　科技发展建设不仅影响着企业的运营模式，也深刻地影响着社会的各个方面。随着互联网、物联网、人工智能等技术的发展，我们的生活和工作方式也在发生着改变。这些技术不仅提高了人们的生活质量，也为社会的发展提供了更多的可能性。例如，人工智能的应用可以为企业提供智能化的生产和服务，提高生产效率和质量；大数据技术可以为企业提供更加精准的市场分析和决策支持；物联网技术则可以实现更加智能化的生产和物流管理。

　　企业管理与科技发展建设是企业和社会发展的关键。高效的企业管理可以为企业的稳定发展提供保障，而科技的发展则为企业管理提供了更多的可能性。同时，科技的发展也深刻地影响着社会的发展，它为我们的生活和工作方式提供了更多的便利和可能性。因此，我们需要不断探索新的管理模式和方法，充分利用科技的力量，推动企业管理与科技发展建设的相互融合，为企业的可持续发展和社会的发展做出贡献。

本书围绕"企业管理与科技发展建设"这一主题，由浅入深地阐述了企业管理基础、科技发展的现状与趋势、企业管理对科技发展的推动作用、科技发展对企业管理的深刻影响，系统地论述了企业战略管理、企业项目管理、企业文化管理、高新技术企业、科技创新平台等内容，探究了企业管理与科技发展建设的共生共荣之路，以期为读者理解与践行企业管理与科技发展建设提供有价值的参考和借鉴。本书内容翔实、条理清晰、逻辑合理，兼具理论性与实践性，适用于从事企业管理以及科技咨询、科技管理等相关工作的专业人士。

在未来的发展中，我们期待看到更多的企业能够将科技发展建设融入企业管理中，实现科技与管理的高度融合，推动企业不断向前发展。同时，我们也需要关注科技发展建设可能带来的挑战和风险，以及如何通过有效的管理措施来应对这些问题。在面对新的挑战和机遇时，我们坚信，只有将企业管理与科技发展建设紧密结合，才能更好地应对未来的挑战，创造更加美好的未来。

目　　录

第一章　企业管理与科技发展综述

第一节　企业管理基础概述

一、企业管理的定义

企业管理是对企业生产经营活动进行计划、组织、指挥、协调和控制等一系列活动的总称。

二、企业管理的价值

在当今这个日新月异的商业环境中，企业管理不仅是企业日常运营的基石，更是推动企业持续成长、创新与变革的关键力量。它如同一座灯塔，为企业在复杂多变的市场海洋中指引方向，确保企业能够稳健前行，实现长期发展目标。企业管理具有如下价值：

(一) 对企业运营效率的提升价值

在竞争日益激烈的商业环境中，企业管理不仅是企业生存的基础，更是推动企业持续发展与壮大的关键力量。其核心价值集中体现在对运营效率的提升与资源的合理配置两大方面，这两者相辅相成，共同构成了企业高效运作的基石。

1. 优化工作流程：提升运营效率的关键路径

企业管理通过科学制定并持续优化工作流程，为企业的日常运营铺设了一条高效、有序的轨道。工作流程的明确与规范，如同为企业内部的每一个环节设定了清晰的导航，有效避免了工作中的混乱与重复劳动。

(1) 提升生产效率

以生产管理为例，合理规划的生产计划能够确保原材料供应、生产进度与市场需求之间的精准对接，减少因计划不周导致的生产停滞或过剩库存。同时，精细化的生产组织和控制流程，如采用精益生产模式，通过消除浪费、持续改进，实现了生产过程的最大价值流动，显著提升了生产效率和产品质量。

（2）提高决策效率

工作流程的优化还体现在决策流程的简化与加速上。通过明确决策权限、优化决策路径、引入先进的信息管理系统，企业能够更快速、更准确地收集并分析市场、财务、运营等多方面的数据，为管理层提供全面、及时的决策支持，从而提高决策效率和决策质量。

2. 资源合理配置：实现效益最大化的重要手段

企业管理在资源配置方面的作用同样不可忽视。面对有限的资源，如何通过科学的管理手段实现其最大化利用，直接关系到企业的成本控制、盈利能力和市场竞争力。

（1）人力资源的优化配置

企业管理通过人才选拔、培训、激励机制的设计，确保每位员工都能在其最擅长的领域发挥最大价值。同时，合理的岗位设置与职责划分，减少了人力资源的浪费与冲突，提升了团队协作效率和工作满意度。

（2）财务与物资资源的精细化管理

在财务管理方面，预算管理、成本控制、资金调度等环节的精细管理，确保了企业资金流动的顺畅与高效。通过严格的成本控制措施，企业能够在保证产品和服务质量的前提下，最大限度地减少不必要的开支，提升利润空间。而物资管理则通过采购、库存、使用等环节的有效控制，减少物资浪费，保障生产活动的顺利进行。

（3）信息资源的整合与利用

在信息爆炸的时代，企业管理还需重视信息资源的整合与利用。通过建立完善的信息管理系统，企业能够实时掌握市场动态、客户需求、内部运营状况等多方面的信息，为决策提供全面、准确的数据支持，同时提升企业的市场响应速度和服务水平。

（二）对企业发展方向的引导价值

1. 战略规划：明确目标，指引航向

企业管理中的战略规划，如同航海图之于航行者，为企业的未来发展绘制了清晰的蓝图。这一过程涉及对企业内外部环境的深入分析，包括行业趋势、竞争对手动态、自身资源与能力评估等，进而确定企业在未来一段时间内的发展目标。这些目标可能是成为行业领导者、在特定市场领域占据一定份额、实现技术创新突破或提升品牌影响力等，它们为企业全体员工提供了共同的愿景和追求的方向。

明确的战略目标能够凝聚企业内外各方力量，确保所有经营活动、资源配置及战略决策都围绕这一核心目标展开。这不仅能够提升企业的运营效率，还能使企业在面对复杂多变的市场环境时，保持战略定力，避免盲目扩张或偏离主航道。

2. 灵活应变：适应市场变化，调整发展方向

市场环境的瞬息万变要求企业管理者必须具备高度的灵活性和适应性。无论是新技术的涌现、消费者偏好的变化，还是竞争对手的策略调整，都可能对企业的生存与发展造成重大影响。因此，企业管理层需要时刻保持对市场动态的敏锐洞察，及时捕捉市场信号，并据此调整企业的发展战略和方向。

当市场上出现新的竞争对手或技术革新时，企业管理层应迅速评估其对企业现有业务的影响，并制定相应的应对策略。这可能包括加大研发投入，推动技术创新以维持竞争优势；或是调整产品结构，以满足市场新需求；亦或是开辟新的市场领域，寻找新的增长点。通过灵活应变，企业不仅能够有效抵御外部冲击，还能在变化中寻找机遇，实现跨越式发展。

（三）对员工潜能的激发价值

1. 明确岗位职责：奠定潜能释放的基石

在企业管理中，组织管理是构建高效团队、实现战略目标的关键环节。而明确每个员工的岗位职责，则是这一过程的首要任务。岗位职责的清晰界定，不仅为员工指明了工作的方向和目标，更是为他们搭建了一个展现自我、发挥专长的舞台。

（1）聚焦专业优势

当员工清楚自己的职责范围时，他们能够更加专注于自身擅长领域，将有限的精力投入最能体现价值的任务中。这种专注力的集中，有助于员工在专业领域内不断精进，挖掘并释放更深层次的潜能。

（2）减少内耗，提升效率

职责不清往往导致工作推诿、效率低下等问题。明确的岗位职责划分，可以有效避免这些现象的发生，促进团队内部的协作与沟通，确保各项工作有序、高效地进行。这种良好的工作环境，为员工潜能的发挥提供了有力保障。

2. 建立激励机制：激发潜能的加速器

激励机制是企业管理中不可或缺的一环，它直接关系到员工的工作积极性和创造力。一个完善的激励机制，能够公正地评价员工的工作成果，并给予相应的回报，从而激发员工的内在动力，鼓励他们不断挑战自我，挖掘潜能。

（1）绩效考核体系

科学的绩效考核体系，能够客观、全面地评估员工的工作表现。它不仅关注结果，也重视过程，确保评价的公正性和准确性。当员工看到自己的工作成果得到认可时，会产生强烈的成就感和归属感，进而更加积极地投入工作，追求更高的目标。

（2）薪酬管理体系

薪酬是员工最关心的问题之一。一个合理的薪酬管理体系，能够将员工的贡献与回报紧密挂钩，确保他们的努力得到应有的回报。这种正向激励，能够极大地激发员工的工作热情，促使他们不断挖掘自身潜能，为企业创造更大的价值。

（3）非物质激励

除了薪酬等物质激励外，企业还应关注员工的非物质需求。比如，提供职业发展机会、培训资源、良好的工作环境等，这些都能让员工感受到企业的关怀和重视，增强他们的归属感和忠诚度。非物质激励同样能够激发员工的潜能，推动他们不断向前发展。

(四) 对企业财务状况的改善价值

1. 财务管理的规范性: 奠定企业财务健康的基石

(1) 预算管理: 精准规划, 前瞻布局

预算管理是财务管理的基础与核心, 它要求企业根据战略目标和发展规划, 对未来一定时期内的经营活动和财务收支进行科学、合理的预测和规划。通过预算管理, 企业能够明确资金的使用方向、规模和时序, 确保每一分钱都花在刀刃上, 有效避免资金浪费和盲目投资。同时, 预算管理还促进了企业内部各部门之间的沟通与协作, 提升了资源整合效率, 为企业的稳健发展奠定了坚实基础。

(2) 资金管理: 保障安全, 促进流动

资金管理是财务管理的生命线, 它涉及企业资金的筹集、使用、回收和分配等各个环节。良好的资金管理不仅能够确保企业资金的安全性, 防止资金流失和舞弊行为, 还能通过优化资金配置, 提高资金的流动性和使用效率。例如, 通过合理的资金调度和安排, 企业可以确保生产经营活动的顺利进行, 同时降低融资成本, 提高资金收益率, 为企业的长远发展提供源源不断的动力。

(3) 财务报表管理: 透明运营, 精准决策

财务报表是企业财务状况和经营成果的直观反映, 也是外部投资者、债权人等利益相关者了解企业情况的重要窗口。通过加强财务报表管理, 企业能够确保报表数据的真实、准确、完整和及时, 为管理层提供有价值的决策依据。同时, 透明的财务报表也增强了企业的信誉度, 有助于吸引更多的投资者和合作伙伴, 进一步拓宽企业的发展空间。

2. 成本控制与效益提升: 财务管理助力企业竞争力跃升

(1) 成本控制: 精细管理, 降本增效

成本控制是企业提升竞争力的关键手段之一。通过实施全面成本管理, 企业可以对产品设计、生产、销售等各个环节的成本进行精细化管理和控制, 实现成本的持续降低。具体而言, 企业可以通过优化生产流程、采用先进技术和设备、加强采购管理等措施, 降低直接材料成本、直接人工成本和制造费用等。同时, 通过严格的成本控制制度, 企业还能及时发现并纠正成

本浪费现象，提高资源的利用效率。

（2）效益提升：优化结构，提升价值

财务管理在提升企业经济效益方面发挥着重要作用。一方面，通过优化资本结构，企业可以合理确定债务与股权的比例关系，降低融资成本，增强财务杠杆效应。另一方面，通过科学的投融资决策，企业能够把握市场机遇，实现资产的保值增值。此外，财务管理还能促进企业对财务状况进行深入分析，帮助企业发现潜在的盈利增长点和风险因素，为企业的战略调整和经营决策提供有力支持。

（五）对顾客满意度的提升价值

1. 产品与服务质量保证：顾客满意度的基石

企业管理中的生产管理与质量管理环节，是确保企业向市场提供高质量产品和服务的基石。通过科学的管理手段，企业能够实现对生产全过程的精细控制，从原材料采购、生产过程监控到成品检验，每一步都严格按照既定标准执行，有效减少次品率，提升产品整体质量。同时，在营销管理中，深入洞察并精准把握顾客需求，成为企业定制化服务、创新产品开发的重要前提。这种以顾客为中心的管理理念，促使企业不断推出符合甚至超越顾客期望的产品和服务，从而显著提升顾客的满意度和忠诚度。

顾客满意度的提升，不仅意味着回头客的增加，还能通过口碑传播吸引更多潜在客户，形成良性循环。满意的顾客更愿意分享他们的正面体验，这种自发的推荐对于企业的品牌建设和市场拓展具有不可估量的价值。

2. 企业形象塑造：信誉与品牌的双重提升

企业管理在塑造企业形象方面同样扮演着举足轻重的角色。良好的企业管理不仅体现在内部运营的高效与有序，更体现在通过管理决策引领企业走向市场，塑造出具有差异化竞争力和良好定位的品牌形象。

品牌建设是企业长期发展的战略选择，而有效的管理则是这一战略得以成功实施的保障。通过精准的品牌定位、创新的营销策略，以及高标准的客户服务，企业能够在消费者心中树立起独特的品牌形象，提升品牌知名度和美誉度。这种正面的品牌形象，如同企业的"名片"，能够增强顾客对企业及其产品和服务的信任感和接受度，为企业赢得更多市场份额。

此外，企业管理还涉及社会责任的履行和可持续发展战略的实施。一个注重环境保护、关注员工福利、积极参与社会公益活动的企业，更容易赢得社会各界的认可和支持，有助于巩固和提升企业的良好形象。

第二节　科技发展的现状与趋势

一、科技发展的现状

(一) 科学技术的广泛应用与革新

在 21 世纪的今天，科学技术以前所未有的速度迅猛发展，深刻地改变着人类社会的每一个角落。其中，人工智能（AI）与大数据、物联网（IoT）及 5G/6G 网络的融合应用，更是成为推动社会进步与产业升级的重要力量。这些技术的广泛应用，不仅极大地提升了生产效率，还深刻影响了人们的生活方式，开启了一个智能化、互联化的新时代。

1. 人工智能的飞跃

人工智能作为当代科技领域的璀璨明珠，正以前所未有的速度向前跃进。随着深度学习、自然语言处理、计算机视觉等关键技术的不断突破，AI 的智能化水平显著提升，开始在医疗、教育、交通等多个领域展现出巨大的应用潜力。

在医疗领域，AI 通过大数据分析，能够辅助医生进行疾病诊断、治疗方案制定及药物研发，提高医疗服务的精准度和效率。同时，AI 机器人还能在手术、康复等环节发挥重要作用，减轻医护人员的工作负担。

教育领域，AI 技术则通过个性化学习系统的开发，为学生提供量身定制的学习路径和资源，促进教育公平与质量的双重提升。此外，AI 还能辅助教师进行学情分析，优化教学策略，实现教学相长。

交通领域，自动驾驶汽车、智能交通管理系统等 AI 应用的推广，不仅提升了交通运输效率，还降低了交通事故的风险，为人们的出行带来了更多便利与安全。

2. 大数据的赋能

大数据作为 AI 的"燃料"，其重要性不言而喻。通过收集、存储、处理和分析海量数据，大数据技术能够揭示出隐藏在数据背后的规律与趋势，为决策提供科学依据。在医疗、金融、零售等多个行业中，大数据的应用已经成为提升服务质量和竞争力的关键。

3. 物联网的崛起

物联网技术的快速发展，正逐步将物理世界与数字世界紧密相连。通过将各种物品嵌入传感器、RFID 标签等设备，并连接至互联网，物联网实现了物品间的信息交换与共享，为智能家居、智能交通、智能城市等应用场景提供了可能。

在智能家居领域，物联网技术让家中的灯光、空调、安防等设备实现智能化控制，用户只需通过手机 App 或语音助手即可轻松管理家居环境，享受便捷舒适的生活。

智能交通方面，物联网技术的应用使得车辆、道路、交通信号等交通要素能够实时通信，实现交通流量的智能调度与优化，有效缓解城市交通拥堵问题。

智能城市则是物联网技术应用的集大成者，通过构建城市级物联网平台，实现城市基础设施、公共服务、社会治理等各方面的智能化升级，提升城市运行效率和居民生活质量。

4.5G/6G 网络的加速普及

作为物联网的重要支撑，5G 技术的普及为物联网的广泛应用提供了强有力的网络保障。5G 网络的高速度、低时延、大容量特性，使得万物互联成为可能，为物联网的发展注入了新的活力。

展望未来，随着 6G 技术的研发与部署，物联网将迎来更加广阔的发展空间。6G 网络将进一步提升网络性能，实现更广泛的连接和更深度的融合，推动物联网技术在更多领域实现创新应用，为人类社会的智能化转型贡献更大力量。

5. 生物科技的璀璨篇章

生物科技，这一基于生物学原理与技术的科学领域，正逐步揭开生命的奥秘，为人类社会带来前所未有的变革。随着基因编辑技术的突破性进展，如 CRISPR-Cas9 系统的广泛应用，人类在治疗遗传性疾病的道路上迈出了坚实的一步。这项技术如同精准的"基因剪刀"，能够精确地修改 DNA 序列，从而纠正导致遗传病的错误基因，为无数患者带来了康复的希望。

此外，生物科技在农业领域的应用同样令人瞩目。通过转基因技术，科学家能够培育出高产、抗病、抗虫、耐逆境的农作物新品种，不仅提高了全球粮食产量，还有效缓解了因气候变化导致的粮食安全问题。同时，生物肥料、生物农药等绿色农业技术的推广，促进了农业的可持续发展，减少了化学农药的使用，保护了生态环境。

6. 可再生能源技术的绿色革命

面对日益严峻的环境问题和能源危机，发展可再生能源技术成为全球共识。太阳能、风能、水能等自然资源的开发利用，不仅减少了对化石燃料的依赖，还极大地减少了温室气体排放，为应对气候变化提供了有力支持。

太阳能，作为最清洁、最丰富的可再生能源之一，正通过光伏发电、光热利用等多种方式，为全球提供源源不断的电力供应。风能技术同样发展迅速，风力发电已成为许多国家和地区重要的电力来源之一。此外，核能作为一种高效、密集的能源形式，在被安全利用的前提下，也发挥着重要作用。

值得注意的是，氢能、石墨烯等新型能源正逐渐成为未来能源发展的新宠。氢能以其高热值、无污染的特点，被视为理想的清洁能源载体，有望在未来交通、工业等领域广泛应用。而石墨烯，这一被誉为"材料之王"的神奇物质，因其优异的导电性、导热性和机械性能，在能源存储、转换等方面展现出巨大潜力，为新能源技术的发展开辟了新路径。

(二) 世界科技竞争格局的重塑

近年来，全球科技领域的竞争愈发激烈，科技创新成为推动各国经济发展的核心动力。随着技术的不断突破和新兴产业的崛起，世界科技竞争格局正在经历深刻的重塑。中国作为科技领域的新兴力量，其科技实力的快速增长尤为引人注目，不仅改变了全球科技力量的对比格局，也为世界科技发展注入了新的活力。

1. 中国科技力量的崛起

（1）创新投入与产出

根据世界知识产权组织（WIPO）发布的《2024年全球创新指数报告》，中国在全球创新版图中展现出强劲势头。在全球130多个经济体的排名中，中国回升至历史最好成绩第11位，并在多个创新指标上位居全球前列。特别是在研发支出增长率、企业研发投入、专利申请量等方面，中国均超过全球整体水平。例如，中国提交的专利申请数量连续多年位居世界前列，2024年，我国国内发明专利有效量已达到475.6万件，显示出中国在科技创新领域的深厚积累。

（2）科技创新集群的崛起

科技创新集群是衡量一个地区科技创新能力的重要标志。报告显示，截至2024年，中国拥有26个全球百强科技创新集群，数量位居世界第一。其中，深圳—香港—广州城市群和北京等城市群的排名显著上升，展现出中国科技创新集群的活力和潜能。这些集群不仅在数量上占据优势，更在质量上实现了突破，成为推动中国科技创新的重要力量。

（3）高价值知识产权的涌现

中国不仅在专利申请数量上领先，更在专利质量上取得了显著进展。一批高价值专利在高端化、智能化、绿色化产业场景中加速落地，推动了相关产业的快速发展。同时，中国科技论文的世界影响力也在逐步提升，高水平国际期刊论文数量及被引用次数均排在世界第一位。这些成就不仅体现了中国科技创新的实力，也为全球科技进步贡献了重要力量。

2. 全球科技竞争格局的变化

（1）美国科技实力的调整

长期以来，美国一直是全球科技领域的领头羊。然而，近年来，美国在部分科技领域的领先地位受到了挑战。根据澳大利亚战略政策研究所（ASPI）的报告，美国在64项核心技术中仅有7项保持领先，而中国在多个关键技术领域取得了显著突破。尽管美国在某些尖端领域仍保持优势，如航空航天和生物技术，但其整体科技优势地位已受到动摇。

（2）多极化趋势的显现

随着全球科技竞争的加剧和新兴经济体的崛起，世界科技格局正逐渐呈现出多极化的趋势。除了中美两国外，欧洲、日本、韩国等国家和地区也在积极推动科技创新，加强科技研发投入，力争在全球科技竞争中占据一席之地。这种多极化的趋势有助于推动全球科技创新的多样性和包容性，促进各国在科技领域的互利共赢。

面对未来科技发展的机遇与挑战，各国需要保持开放合作的态度，共同应对全球性挑战。科技创新永无止境，各国应加大科技研发投入，培养创新人才，营造有利于创新的环境。同时，各国还应加强国际科技合作与交流，共同推动全球科技进步与发展。

中国作为科技领域的新兴力量，将继续坚持走中国特色自主创新道路，加强科技创新能力建设，推动科技与经济深度融合发展。我们有理由相信，在未来的科技竞争中，中国将扮演更加重要的角色，为全球科技进步与发展做出更大贡献。

二、科技发展的趋势

(一) 量子计算

量子计算的崛起将开启全新的计算时代。量子计算机以传统计算机无法比拟的数据处理能力，将在药物发现、气候模拟、金融分析等领域引发革命。它将使得一些今天看似无解的问题变得可解，推动科学和技术进入一个全新的境界。

(二) 生物技术进步

生物技术的进步将重塑生命科学领域。基因编辑技术如 CRISPR 将使我们能够更精确地修改生物体的基因，这不仅能够帮助人们治疗遗传性疾病，还可能在农业上创造出更高产、更耐逆境的作物品种。同时，合成生物学的发展将使我们能够设计和构建新的生物系统，为能源、医药和材料科学带来创新的解决方案。

(三) 可持续技术

可持续技术的发展将成为应对气候变化的关键。随着可再生能源技术的成本持续下降和效率的提升，太阳能和风能将成为电力供应的主流。电动汽车和氢燃料汽车的普及将减少对化石燃料的依赖。

(四) 教育与工作方式的变革

未来科技的发展将使人们的生活更加便捷、舒适和智能化。人工智能和机器人技术的发展将改变人类的工作方式。一方面，许多重复性、低技能的工作将被机器人取代；另一方面，人类将更多地从事创新性、高技能的工作。因此，未来的教育体系需要更加注重培养创新能力和学习跨学科知识。

总的来说，我们正处于一个快速变革的时代，从人工智能到量子计算，从生物科技到可持续技术，每一个领域都在不断地推动着人类社会的进步。随着这些技术的不断发展和完善，我们可以预见到一个更加智能化、自动化和可持续的未来。

第三节　企业管理对科技发展的推动作用

企业管理在科技发展中的推动作用是至关重要的。它不仅为科技创新提供了必要的资源和支持，还通过创新管理策略和实践，促进了科技与企业经营的深度融合，从而驱动企业的持续增长和竞争力提升。以下是企业管理在科技发展中的几个关键作用：

一、资金和人才保障

(一) 资金保障：科技创新的坚实后盾

科技创新是一项高风险、高投入的活动，充足的资金是确保其顺利进行的必要条件。企业管理在这一环节中发挥着至关重要的作用。

首先，企业通过科学的财务规划和预算管理，确保研发项目能够获得持续、稳定的资金支持。这要求管理者具备敏锐的市场洞察力和前瞻性的战略眼光，能够准确评估项目潜力，合理分配有限资源，避免盲目投资导致的资源浪费。

其次，企业积极拓宽融资渠道，利用政府补助、风险投资、资本市场等多种方式，为科技创新项目引入更多外部资金。同时，建立完善的资金监管机制，能够确保资金使用的透明度和效率，让每一分钱都能用在刀刃上，最大化地促进科技成果的转化与应用。

（二）人才保障：创新活力的不竭源泉

人才是科技创新的第一资源。企业管理在吸引、培养和留住创新人才方面同样扮演着关键角色。

首先，企业通过构建开放包容的企业文化，营造鼓励创新、容忍失败的良好氛围，让每一位员工都能感受到自己的价值被认可，从而激发其内在的创新动力。

其次，企业实施差异化的人才引进策略，针对不同领域的科技创新需求，精准定位并引进国内外顶尖人才和团队。同时，加强与高校、科研院所的合作，建立产学研用深度融合的创新体系，共同培养具有国际视野和创新能力的复合型人才。

最后，企业建立健全的人才激励机制，通过股权激励、项目奖励、职业发展通道等多种方式，让优秀人才的付出得到应有的回报，增强其归属感和忠诚度。此外，企业还注重员工的持续教育和培训，不断提升其专业技能和创新能力，为企业的长远发展奠定坚实的人才基础。

二、创新环境构建

（一）企业管理：科技创新的孵化器

企业管理不仅仅是日常运营的指挥棒，更是科技创新的孵化器。一个高效、具有前瞻性的企业管理体系能够为企业内部的科研人员提供充足的资源支持、灵活的工作机制以及清晰的创新方向。通过优化资源配置，企业可以确保关键技术研发项目获得必要的资金、人才和设备支持，加速科技成果的转化与应用。同时，灵活的管理机制能够激发员工的创新思维，促进跨部门合作与知识共享，为科技创新营造更加开放包容的氛围。

（二）构建创新环境的四大支柱

1. 战略引领，明确方向

企业管理层需具备前瞻性的战略眼光，能够准确把握行业发展趋势和市场需求，制定符合企业实际的科技创新战略；通过明确创新方向和重点任务，引导企业资源向关键领域和核心技术倾斜，形成持续的创新动力。

2. 文化塑造，激发潜能

创新文化是企业创新环境的灵魂。企业管理层应致力于构建一种鼓励尝试、容忍失败、重视学习的文化氛围；通过树立创新典型、表彰创新成果、举办创新竞赛等方式，激发员工的创新热情，让每一位员工都成为创新的参与者和推动者。

3. 机制保障，激发活力

建立健全的科技创新激励机制是保障创新活动持续进行的关键。企业应完善知识产权管理制度，保护创新成果；实施股权激励、项目奖励等多元化激励措施，让创新者分享创新成果带来的经济收益；同时，建立快速响应市场变化的研发决策机制，确保创新活动与市场需求的紧密结合。

4. 开放合作，共享资源

在全球化背景下，企业间的合作与竞争并存。企业管理层应秉持开放合作的理念，加强与高校、科研机构、上下游企业以及国际同行的交流与合作，共享创新资源，共同攻克技术难题。构建产学研用协同创新体系，拓宽创新视野，加速科技成果的商业化进程。

企业管理是科技发展的强劲推手，其对于创新环境的构建具有不可替代的作用。通过战略引领、文化塑造、机制保障和开放合作四大支柱，企业可以打造出一个充满活力、开放包容、高效协同的创新生态系统。在这个系统中，科技创新不再是孤立的个体行为，而是企业整体战略的重要组成部分，推动企业不断攀登科技高峰，引领行业乃至社会的进步与发展。

三、资源整合与协同

(一) 资源整合：汇聚力量，激发潜能

资源整合，简而言之，就是将企业内外各种资源进行有效配置和整合，以实现资源的最优利用和价值最大化。在科技领域，这些资源包括但不限于人才、资金、技术、信息、市场等。有效的资源整合能够打破资源孤岛，促进知识共享与技术交流，为科技创新提供源源不断的动力。

1. 人才资源整合

企业通过建立多元化的人才队伍，包括科研专家、技术工程师、市场分析师等，形成跨领域、跨学科的协作团队。这种人才资源的整合不仅增强了团队的创新能力，还加速了科技成果的转化与应用。

2. 技术资源整合

企业积极引进国内外先进技术，同时加大自主研发投入，形成技术积累与创新能力。通过技术整合，企业可以实现技术优势互补，减少重复研发，提高技术创新的效率和成功率。

3. 资金与市场资源整合

良好的财务管理和市场洞察能力，使企业能够精准识别并投资具有潜力的科技项目。同时，市场拓展和品牌建设，能够为科技成果找到更广阔的应用场景，实现商业化价值。

(二) 协同作战：共创共赢，加速发展

协同，即不同部门、不同团队，甚至不同企业之间为实现共同目标而进行紧密合作。在科技发展中，协同作战尤为重要，它能够打破组织壁垒，促进知识流动与创意碰撞，加速科技成果的产出与应用。

(1) 内部协同

企业通过建立高效的信息沟通机制和跨部门协作平台，促进研发、生产、销售等各个环节的紧密配合。这种内部协同不仅提高了工作效率，还确保了科技创新的连续性和系统性。

（2）外部协同

企业积极寻求与高校、科研机构、上下游企业以及行业协会等外部伙伴的合作，构建产学研用深度融合的创新生态。企业通过资源共享、联合研发、技术转移等方式，共同推动科技进步和产业升级。

（3）全球协同

在全球化背景下，企业还需具备国际视野，加强与国际科技界的交流与合作。企业通过参与国际科技项目、设立海外研发中心等方式，吸收全球创新资源，推动科技发展的国际化进程。

四、市场导向与战略规划

（一）市场导向：科技发展的风向标

市场导向是现代企业管理的重要原则之一。它强调企业在经营过程中要紧密关注市场需求，以市场需求为导向，指导企业的科技研发、产品开发和市场推广。在科技发展中，市场导向的作用尤为显著。

1. 需求驱动的科技创新

市场需求是科技创新的源动力。企业只有深入了解市场需求，才能明确科技创新的方向和目标。通过市场调研和用户反馈，企业可以发现技术空白点和改进空间，从而有针对性地进行技术研发和产品创新。这种需求驱动的科技创新模式，不仅能够提高科技研发的效率和成功率，还能确保科技成果具有实际应用价值，满足市场需求。

2. 降低交易成本，促进技术流通

市场导向还有助于降低科技成果转化的交易成本。科技成果转化的过程，需要经历技术研发、产品开发、市场推广等多个环节，这些环节都需要投入大量的时间和资金。而市场导向可以引导技术资源向具有市场前景的领域流动，使技术作为一种市场要素自由流通。这不仅可以降低交易成本，还能使技术创新端和产品供给端紧密配合，形成良性循环。

（二）战略规划：科技发展的指南针

战略规划是企业实现长远发展目标的重要手段。通过制订明确的战略目标和行动计划，企业可以在科技发展中保持方向明确、步伐稳健。

1. 明确发展方向，优化资源配置

战略规划能够帮助企业明确科技发展的方向和目标。在制定战略规划时，企业需要对外部环境进行全面分析，包括市场竞争、政策法规、经济形势等因素；同时，还需要对内部环境进行评估，包括组织结构、文化氛围、人员素质等因素。基于这些分析，企业可以制订出适合自身发展的战略目标和行动计划，并优化资源配置，确保科技发展的顺利进行。

2. 促进长期经营战略的研究

战略规划强调企业的长期发展。在科技领域，长期经营战略的研究尤为重要。企业需要关注技术趋势和未来市场需求的变化，制定出具有前瞻性的科技发展战略。这不仅可以使企业在技术竞争中占据有利地位，还能为企业的长期发展奠定坚实基础。

3. 加强创新能力，提高市场竞争力

战略规划还能够推动企业加强创新能力。在科技领域，创新能力是企业竞争力的核心。通过制订明确的创新目标和行动计划，企业可以加强研发投入，提升技术创新能力。同时，战略规划还能够促进企业内部不同部门之间的协同合作，形成创新合力，推动科技成果的转化和应用。

(三) 市场导向与战略规划的有机结合

市场导向和战略规划在企业管理中相辅相成、相互促进。市场导向为科技发展提供了明确的方向和目标，而战略规划则为实现这些目标提供了具体的行动计划和资源保障。只有将市场导向和战略规划有机结合起来，企业才能在科技发展中保持领先地位，实现可持续发展。

1. 构建技术创新体系

企业需要建立以市场为导向，产学研深度融合的技术创新体系。通过加强产学研合作，企业可以充分利用高校和科研院所的科研资源和技术优势，加快科技成果的转化和应用。同时，企业还需要积极参与市场竞争，了解市场需求和用户反馈，为技术创新提供源源不断的动力。

2. 完善政策支持和服务体系

政府和管理部门在推动科技发展方面也发挥着重要作用。他们可以通过完善政策支持和服务体系，为企业的科技创新提供有力保障。例如，可以制定一系列优惠政策鼓励企业加大研发投入，建立科技创新服务平台为企业提供技术咨询、知识产权保护等服务，加强市场监管和知识产权保护力度等。

五、激励与奖励机制

(一) 激励机制：点燃创新之火

激励机制是企业管理中促进科技进步的首要手段。它通过构建一套能够激发员工内在动力的体系，鼓励员工主动探索未知、挑战现状、勇于创新。这种机制的核心在于理解并满足员工的多样化需求，包括职业发展、成就感、学习机会以及合理的物质回报等。

1. 职业发展路径

明确技术晋升通道和职业发展规划，让员工看到通过技术创新实现职业成长的希望，从而激发其不断学习和进步的欲望。

2. 项目制与自主权

赋予团队或个人更多自主权和决策权，鼓励其参与重要项目研发，使他们在实践中学习，在挑战中成长，感受创新的乐趣和成就感。

3. 知识分享与学习平台

建立内部知识库、举办技术研讨会、提供在线学习资源，营造浓厚的学习氛围，促进知识交流与技能提升。

(二) 奖励机制：收获创新之果

奖励机制则是激励机制的具体化表现，它通过直接或间接的方式对员工的创新行为进行认可和奖励，进一步巩固和强化创新行为。有效的奖励机制不仅能激励个人，还能带动整个组织的创新氛围。

1. 物质奖励

包括奖金、股权激励、专利收益分配等，直接关联员工的创新成果，让付出得到实质性的回报，增强创新的动力。

2. 精神荣誉

设立创新奖项、表彰大会、内部宣传等，通过公开表彰和认可，提升员工的荣誉感和归属感，形成正向的示范效应。

3. 职业发展机会

将创新成果作为晋升、轮岗、承担更重要职责的重要依据，让员工看到创新对其职业发展的积极影响。

（三）协同作用：激发企业科技潜能

激励与奖励机制并非孤立存在，它们相互作用、相辅相成，共同构成了一个推动企业科技发展的强大系统。一方面，激励机制通过满足员工多层次需求，激发其内在的创新动力；另一方面，奖励机制则通过及时、有效的反馈，强化创新行为，促进形成良性循环。这种协同作用不仅促进员工个人能力的提升，更推动企业整体科技实力的增强。

六、战略规划引领科技方向

企业管理首先体现在对未来发展的战略规划上。优秀的企业管理者能够洞察行业趋势，预判科技发展方向，从而制定出符合企业实际且具有前瞻性的科技发展战略。这种战略不仅明确了企业在科技领域的布局重点，还为企业内部资源的优化配置提供了指导。通过持续投入研发、引进高端人才、加强产学研合作等措施，企业管理确保企业能够紧跟科技潮流，甚至引领科技创新。

七、组织架构促进科技创新

企业管理还体现在组织架构的灵活性与创新性上。为了适应快速变化的科技环境，企业需要构建扁平化、去中心化的组织结构，打破部门壁垒，促进跨领域合作。这种组织架构能够加速信息的流通与共享，激发员工的创新活力，为科技创新提供肥沃的土壤。同时，企业还可以通过设立专门的创新部门或实验室，为科研人员提供充足的资源和自由的空间，鼓励他们大胆尝试、勇于突破。

八、文化氛围孕育创新精神

企业文化是企业管理的重要组成部分，也是推动科技发展的内在动力。

鼓励创新、容忍失败的企业文化能够激发员工的创造力和探索精神，使他们敢于挑战未知，勇于面对失败。在这样的文化氛围中，员工不再害怕提出新想法或尝试新方法，而是将创新视为实现个人价值和企业发展的必由之路。这种积极向上的创新氛围为科技发展提供了源源不断的动力。

九、市场洞察加速成果转化

企业管理还体现在企业管理者对市场需求的敏锐洞察上。科技创新的最终目的是满足市场需求，提升用户体验。企业管理者需要深入市场一线，了解用户需求的变化趋势，从而引导科技研发的方向。同时，通过构建高效的营销网络和客户服务体系，企业能够快速将科技成果转化为实际产品或服务，实现商业价值。这种市场与技术的紧密结合不仅加速了科技成果的转化速度，还提高了企业的市场竞争力。

十、社会责任驱动可持续发展

企业管理在推动科技发展的同时，企业管理者还需要承担起相应的社会责任。随着科技的不断进步，一系列伦理、环境和社会问题也随之而来。企业管理者需要积极应对这些挑战，通过制定可持续发展战略、加强环境保护、促进社会公平等措施，确保科技发展的成果能够惠及全社会。这种负责任的管理理念不仅有助于提升企业的社会形象，还能够为科技发展提供更为广阔的空间和更为持久的动力。

第四节 科技发展对企业管理的深刻影响

一、提升企业市场竞争力

(一) 增强核心竞争力

科技创新是现代企业在市场竞争中提升核心竞争力的关键。在经济全球化加速发展的当下，科技发展迅速，企业面临着激烈的市场竞争。企业若想在竞争中立足，就必须以科技创新为突破方向，以市场需求为导向，不断探索、开发和采用新技术，将科技进步与创新转化为生产力，为企业发展提供动力。例如，某采矿公司通过技术创新提高了精矿品位，以选矿回收率为中心，提高了冶炼回收率、高产率，降低了冶炼电耗并提高了烟气余热利用率，这表明科技创新能够助力企业在市场竞争中占据优势地位，获取更高利润，实现企业价值。

(二) 促进生产元素有机结合

现代企业的发展是将多种科技和创新概念有机融合的过程。迈克尔·波特将企业竞争分为低成本优势竞争和差异化优势竞争两类，这两类竞争都离不开先进的科技和创新精神的支撑。企业各部门和环节围绕科技进步与创新开展工作，通过简单改变、增加或减少、替代组合企业生产元素就能激发企业创新意识，间接推动科技进步，使企业更好地适应市场消费模式的变化。

(三) 企业管理产生依赖

1. 提升自主创新能力

科技进步与创新是现代企业生存和发展的重要因素。对企业自身而言，科技创新能够提升企业的自主能力，革新工艺流程，帮助企业掌握更多核心科技，为可持续发展奠定基础。企业要不断发展壮大，就必须依靠科技进步和创新的推动，从而扩大规模、增强影响力。

2. 改变投入产出比

从投入方面看，企业需要在合理利用资源的同时降低消耗；从产出方面看，要增加产品品种并提升产品质量和产量。只有依靠科技进步与创新，企业才能达到这一目标，实现更好的经济效益。

二、促进企业可持续发展

(一) 践行科学发展观

科学发展观的核心是可持续发展。现代企业不应急功近利，要关注民生，承担社会责任，在社会协助下实现企业利益最大化。企业不能只追求经济效益，还要在公益事业中提升外部形象，这有利于长远发展，也是一种科技进步和创新的表现。

(二) 优化资源配置

企业发展离不开创新并需要在创新中总结经验理论。要实现现代企业科学的可持续发展，关键在于对人、财、物等资源的最优配置和利用。企业在引进科技和进行科技创新时，要遵循自身内在规律，提升管理者对管理创新的认识，促使其将科技进步与创新融入工作中，充分认识并合理应用企业的创新和管理，以达到最优管理状态。

三、提升企业经济实力

(一) 提高劳动生产率

提高劳动生产率是企业提高经济效益的重要途径。当今社会，新科技和知识不断涌现，劳动者有机会学习和掌握最新科技知识并应用于生产，从而缩短劳动时间，提高产品产量。科技进步与创新还能完善现代化管理手段和方法，使生产资料发挥更大作用，提升企业整体劳动生产率。

(二) 助力打入国际市场

科技进步与创新对我国企业打入国际市场具有促进作用，能够提升企业在国际市场上的竞争力，使企业产品更符合国际市场需求，有助于企业在国际市场上获得更大的发展空间。

第二章　企业与企业管理综述

第一节　企业的概念与类型划分

一、企业的概念

(一) 企业的定义

企业是指从事生产、流通、服务等经济活动，以产品或劳务满足社会需要，并以获取盈利为目的，依法设立，实行自主经营、自负盈亏的经济组织。也可以说是适应市场需要以猎取盈利，实行自主经营、自负盈亏，依法独立享有民事权利，并承担民事责任的商品生产和经营组织。

(二) 企业的特征

在当今复杂多变的社会经济体系中，企业作为最基本且至关重要的单位，不仅承载着推动生产力发展的重任，更是社会经济活动不可或缺的组成部分。其独特的双重属性——技术与组织的结合，以及在社会经济各领域中的广泛影响，共同构筑了企业发展的多维特征，使之成为支撑社会进步与繁荣的坚实基石。

1.社会经济的基础单位：生产力的汇聚与推动

企业，作为社会经济力量的基础，其生产活动的总和直接构成了社会生产力的核心。在生产领域，企业是创新的摇篮和生产的现场，通过引入新技术、新工艺，不断提升生产效率，优化产品结构，从而推动社会整体生产力的进步。这种生产力的提升，不仅促进了商品和服务的丰富多样，也极大地提升了民众的生活水平，为社会经济的持续健康发展提供了强大动力。

在交换领域，企业作为商品交换的基本环节，连接着生产者与消费者，通过市场机制实现资源的有效配置。企业间的竞争与合作，促进了市场的繁荣与活跃，加速了商品流通，降低了交易成本，提高了社会整体的经济效益。

在分配领域，企业的经营活动成果直接关联到职工的收入水平、国家的税收来源以及社会的再分配机制。企业盈利的增加，不仅提升了职工的工资福利，也为国家财政提供了重要支撑，进而影响到教育、医疗、文化等公共服务领域的投入，深刻影响着国家的政治、经济、文化生活等各个方面。

2.技术与组织的双重属性：生产力的组织形式与生产关系的体现

企业不仅是生产力的组织形式，更是生产关系的具体体现。作为从事生产、流通、服务等活动的经济组织，企业通过科学的组织管理和技术创新，实现资源的优化配置和高效利用。这种双重属性的结合，使得企业能够在满足社会需求的同时，追求自身经济利益的最大化。

在技术上，企业是技术创新的主体，通过研发投入和技术引进，不断提升自身的核心竞争力。技术创新不仅推动了产品升级和产业转型，也为社会经济的可持续发展提供了源源不断的动力。

在组织上，企业具有独立的经济利益和法人地位，能够自主决策、自主经营、自负盈亏。这种独立性和自主性，使得企业能够根据市场变化灵活调整经营策略，快速响应消费者需求，从而在激烈的市场竞争中立于不败之地。

同时，企业还必须依法设立并遵守相关法律法规，履行社会责任，保护消费者权益，促进环境保护和可持续发展。这种法治精神和社会责任感，不仅是企业健康发展的重要保障，也是构建和谐社会、推动社会进步的重要力量。

二、企业的类型

(一) 按照投资人的出资方式和责任形式

按照投资人的出资方式和责任形式来划分，企业主要可以分为个人独资企业、合伙企业 (包括普通合伙与有限合伙) 以及公司制企业 (进一步细分为有限责任公司和股份有限公司)。以下是对这几种企业类型的详细解析。

1.个人独资企业

个人独资企业，顾名思义，是由单个自然人投资设立的企业形式。这类企业的最大特点是投资主体单一，决策过程高效，运营灵活。然而，这种灵活性的背后也伴随着高风险。作为唯一的投资人，该自然人需对企业债务承担无限责任，即当企业资产不足以清偿债务时，投资人需以个人全部财产来弥补这一差额。这种责任形式要求投资人具备较强的风险承受能力和管理能力，适合规模较小、风险可控的创业初期项目。

2. 合伙企业

合伙企业是由两个或两个以上的自然人、法人或其他组织共同出资、共同经营、共享收益、共担风险的企业组织形式。根据合伙人承担的责任不同，合伙企业又可细分为普通合伙和有限合伙。

(1) 普通合伙企业

所有合伙人均对企业债务承担无限连带责任。这意味着，任何一个合伙人的个人财产都可能被用来清偿企业的债务，且当某一合伙人无力清偿时，其他合伙人需承担连带清偿责任。这种制度设计有利于增强合伙人之间的信任与合作，但也要求合伙人之间具备高度的信任基础和风险共担意识。

(2) 有限合伙企业

在有限合伙企业中，合伙人被区分为普通合伙人和有限合伙人。普通合伙人继续承担无限连带责任，而有限合伙人则以其认缴的出资额为限对企业债务承担责任。这种制度设计既保留了普通合伙企业的灵活性和高效性，又通过引入有限合伙人降低了部分投资者的风险，吸引了更多资本的加入，适合风险与收益并存的创业投资、风险投资等领域。

3. 公司制企业

公司制企业是现代企业制度的主要形式，具有法人资格，能够独立承担民事责任。根据股东责任的不同，公司制企业可分为有限责任公司和股份有限公司。

(1) 有限责任公司

股东以其认缴的出资额为限对公司承担责任，公司以其全部资产对公司的债务承担责任。这种制度设计有效地隔离了股东个人财产与公司财产，降低了股东的投资风险，促进了资本的积累和流动。同时，有限责任公司的管理结构相对简单，决策效率较高，适合中小企业的发展需求。

(2) 股份有限公司

与有限责任公司相似，股份有限公司的股东也仅以其所持股份为限对公司承担责任，公司则以其全部资产对公司的债务负责。但股份有限公司的显著特点在于其股份可以公开被转让，股东人数没有上限，这使得公司能够迅速筹集大量资金，扩大生产规模，实现跨越式发展。同时，股份有限公司的治理结构更加完善，信息披露更加透明，有利于保护中小股东的利益，促进企业的长期稳定发展。

（二）按所有制结构

按照所有制结构的不同，企业主要可以分为四大类：全民所有制企业（国有企业）、集体所有制企业、私营企业以及外资企业。以下是对这四类企业特点的详细剖析。

1. 全民所有制企业：国家的坚实支柱

全民所有制企业，即国有企业，是指企业资产归国家所有，由国家代表全体人民行使所有权的企业形式。这类企业通常规模庞大，涉及国计民生的关键领域，如能源、交通、通信、军工等。国有企业不仅是国家经济安全的重要保障，也是推动产业升级、技术创新和国际化战略的重要力量。它们享有政策支持、资源优先配置等优势，同时也承担着社会责任，如保障就业、稳定物价、促进区域协调发展等。

2. 集体所有制企业：社区与经济的桥梁

集体所有制企业，简称集体企业，是指企业资产归集体所有，由集体成员共同占有、使用、收益和处分的经济组织。这类企业多存在于农村地区或特定社区内，以乡镇企业、合作社等形式存在。集体企业以其独特的灵活性和适应性，在促进农村经济发展、增加农民收入、改善基础设施等方面发挥了重要作用。它们往往与当地经济紧密相连，形成了紧密的产业链和社区关系，是地方经济发展的重要推手。

3. 私营企业：市场经济的活力源泉

私营企业，是指由私人投资兴办并由投资者个人或家族直接经营管理的企业。这类企业包括个人独资企业、合伙企业及公司制企业等多种形式。私营企业以其灵活的经营机制、敏锐的市场嗅觉和高效的决策效率，成为市场经济中最具活力和创新力的部分。它们广泛分布于各行各业，从传统的制造业、服务业到高科技产业，都是推动经济增长、增加就业、促进技术创新的重要力量。

4.外资企业：国际合作的桥梁

外资企业，是指由外国投资者投资设立，在中国境内注册登记并独立承担民事责任的企业。这类企业不仅带来了先进的生产技术、管理经验和资金支持，还促进了国内外市场的融合与竞争，推动了我国产业结构的优化升级。外资企业在促进经济增长、扩大就业、提升产业国际竞争力等方面发挥了重要作用。同时，它们也是国际经济合作的重要载体，促进了技术、人才、资本等生产要素的跨国流动和优化配置。

(三) 按股东对公司责任的不同

按照股东对公司责任的不同，企业主要可以分为三大类型：无限责任公司、有限责任公司和股份有限公司。这三种类型不仅反映了股东对公司债务承担的不同方式，也深刻影响着企业的融资能力、治理结构及市场战略。

1.无限责任公司：风险共担的古老契约

无限责任公司，作为最早的企业形态之一，其最显著的特点是股东对公司债务承担无限连带责任。这意味着，如果公司资不抵债，债权人不仅有权追索公司资产，还有权要求股东以个人全部财产来清偿公司债务。这种制度设计源于对商业诚信的极高要求，它要求股东与公司命运紧密相连，共同面对商业风险。然而，正因为这种严苛的责任制度，无限责任公司在现代商业环境中相对少见，更多见于小型家族企业或特定行业，如律师事务所、会计师事务所等，这些行业更依赖于专业人员的个人信誉和专业技能。

2.有限责任公司：风险隔离的现代典范

有限责任公司的出现，标志着企业组织形式的一大进步。它允许股东以其出资额为限对公司债务承担责任，即股东的个人财产与公司债务相隔离。这种制度设计极大地降低了创业门槛，鼓励了投资和创新，因为股东不再需要担心因商业失败而倾家荡产。有限责任公司因其灵活性和适应性，成为当今最为普遍的企业形式之一，广泛应用于各行各业。它不仅保护了股东的个人财产，还促进了企业所有权和经营权的分离，为现代公司治理结构奠定了基础。

3. 股份有限公司：资本聚集与公众参与的巅峰

股份有限公司，作为企业组织形式的高级形态，将有限责任与股份自由转让完美结合。这类公司可以通过发行股票的方式，广泛吸收社会资金，实现资本的快速聚集和有效配置。股东持有的股份可以依法转让，增强了公司资本的流动性。同时，股份有限公司往往规模庞大，治理结构复杂，需要建立更加完善的内部控制机制和信息披露制度，以保障广大股东和利益相关者的权益。股份有限公司的上市，更是将企业与资本市场紧密相连，为企业提供了更多的融资渠道和更广阔的发展空间。然而，随着公众参与的加深，股份有限公司也面临着更为严格的监管要求和更高的透明度标准。

（四）按信用等级

在探讨企业类型的多样性时，信用等级虽非直接分类标准，但深入理解不同类型企业背后的核心运作机制，尤其是它们对"人"与"资"的依赖程度，能够为我们揭示出企业运营模式的深层逻辑。笔者将从信用等级的间接视角出发，分析三种主要的企业类型：人合公司、合资公司以及人合兼合资公司。下面探讨它们各自的特点、优势及适用场景。

1. 人合公司：信任为基，共创未来

人合公司，顾名思义，其核心在于"人"的结合，即主要依赖于公司成员之间深厚的信任关系、共同的价值观和愿景来维系运营。这类公司往往规模不大，成员间关系紧密，决策过程更多依赖于个人能力和相互间的信任而非严格的层级制度。在信用等级上，人合公司通常通过其成员的个人信用和声誉来建立市场信任，其成功往往与创始团队或核心成员的个人魅力、行业经验和人际关系网络紧密相连。

（1）优势

人合公司能够快速响应市场变化，决策灵活、高效；成员间的高度信任降低了内部沟通成本和监督成本；同时，基于共同愿景的凝聚力有助于吸引志同道合的合作伙伴和客户。

（2）适用场景

适用于创意产业、咨询服务、家族企业等依赖个人才能、创意或特定领域知识积累的行业。

2. 合资公司：资本为翼，驱动发展

合资公司则与人合公司形成鲜明对比，其运作主要依赖于资本的集合与运作。这类公司通常规模较大，股权结构复杂，通过大量资本的投入来支持业务的快速扩张和技术创新。在信用等级上，合资公司更多依赖于其财务实力、市场表现、品牌影响力及外部审计机构的评级来构建市场信任。

（1）优势

合资公司能够迅速筹集大量资金，支持大规模生产和市场开拓；强大的财务实力为其在市场竞争中提供了坚实的后盾；同时，规范化的管理和信息披露机制增强了透明度和公信力。

（2）适用场景

适用于制造业、金融业、互联网行业等需要大量资金投入，追求规模效益和市场份额的行业。

3. 人合兼合资公司：双轮驱动，共创辉煌

人合兼合资公司则是结合了人合公司与合资公司优势的一种企业形态，它既依赖于成员间的深厚信任和共同愿景，又充分利用资本市场的力量推动企业发展。这类公司往往能够灵活应对市场变化，既保持决策的高效灵活，又能通过资本运作实现资源的优化配置和业务的快速增长。

（1）优势

人合兼合资公司能够充分利用人力资源和资本资源的双重优势，既保持了创业初期的灵活性和创新精神，又具备了规模扩张和市场竞争的雄厚实力。

（2）适用场景

适用于科技创业、新兴服务业等既需要高度创新和灵活决策，又需要大规模资金支持的领域。

（五）按公司地位类型

在复杂多变的商业世界中，企业以不同的形态和结构存在，以适应市场变化、优化资源配置、实现战略目标。其中，按照公司地位类型划分，母公司（Parent Company）与子公司（Subsidiary Company）是两种至关重要的企业形态，它们之间既相互独立又紧密相连，共同构成了企业集团的骨架。

1. 母公司：领航的旗舰

母公司，顾名思义，是指拥有其他公司（即子公司）一定数量股份或表决权，能够控制其业务活动和管理决策的公司。作为集团的核心与旗舰，母公司不仅负责制定整个集团的发展战略、经营方针和长期规划，还承担着资源调配、风险管控、品牌塑造等重要职能。

（1）战略制定者

母公司基于对市场趋势的深刻洞察，为整个集团制定长远的发展蓝图，确保各子公司能够协同作战，共同实现集团目标。

（2）资源整合者

通过资本、技术、人才等资源的优化配置，母公司促进子公司间的资源共享与互补，提升整体竞争力。

（3）风险管理者

面对外部环境的不确定性，母公司需建立有效的风险管理体系，确保集团业务稳健运行，同时保护股东利益。

（4）品牌塑造者

强大的品牌影响力是企业宝贵的无形资产。母公司往往通过统一的品牌策略，提升集团整体的知名度和美誉度。

2. 子公司：灵活的战舰

子公司则是被母公司控制或拥有一定股份的公司，在法律上具有独立法人地位，可以自主开展业务活动，但其重大决策往往需经母公司批准或受母公司影响。作为母公司的战略执行单元，子公司在集团中扮演着灵活应对市场变化、深耕特定领域的重要角色。

（1）市场开拓者

子公司可以根据当地市场需求、文化习惯等因素，灵活调整产品和服务策略，快速占领市场。

（2）业务创新者

作为独立运营实体，子公司拥有更大的自主权，进行业务创新和技术研发，为集团带来新的增长点。

（3）风险缓冲带

在多元化经营策略下，子公司可以分散集团的整体风险，避免单一业务波动对整个集团造成过大影响。

(4) 协同效应的推动者

通过与母公司及其他子公司的紧密合作，子公司能够发挥协同效应，提升集团整体运营效率和竞争力。

3. 母公司与子公司的关系：协同共生

母公司与子公司之间的关系并非简单的控制与被控制，而是一种基于共同利益和目标的协同共生关系。母公司通过战略规划、资源支持等方式，为子公司提供发展的土壤；而子公司则通过市场拓展、业务创新等实际行动，为母公司创造价值和回报。这种相互依存、相互促进的关系，构成了企业集团持续健康发展的基石。

总之，母公司与子公司作为企业集团的两大核心组成部分，各自扮演着不可替代的角色。它们之间的紧密合作与协同共生，是推动企业集团不断前行，实现可持续发展的关键所在。

以上分类并不是绝对的，有些企业可能同时符合多个分类标准。例如，一个由外国投资者在中国设立的公司既可以被视为外资企业，也可以被视为内资企业。此外，随着经济的发展和法律法规的更新，企业类型划分的标准也可能有所变化。

第二节 企业管理与企业管理者

一、企业管理概述

(一) 企业管理的目标

企业管理的目标是实现企业价值的最大化，这涉及企业的利益相关者，如资本所有者、债权人、客户、供应商、政府和社会。

(二) 企业管理的主要职能

企业管理的主要职能包括计划、组织、领导和控制。这些职能是管理学派普遍公认的，它们构成了企业管理的基础。

1. 计划职能

对既定的目标进行具体安排，作为全体员工在一定时期内的行动纲领，并规定实现目标的途径、方法的管理活动。计划职能是企业管理的首要职能。

2. 组织职能

组织职能指为了有效完成既定计划，通过建立组织机构，确定职能、职责和职权，协调相互关系，合理配备和使用企业资源的管理活动。

3. 领导职能

领导者影响并感召个人和群体去追求某些目标的行为和过程。

4. 控制职能

接受组织内外的有关信息，按既定的目标和标准对组织进行监督、检查，发现偏差，采取正确的措施使组织按照预定的计划进行，或适当地调整计划，以达到预期目标的管理活动。

(三) 企业管理的内容

企业管理的内容非常广泛，包括但不限于以下几个方面：

1. 计划管理

计划管理通过预测、规划、预算、决策等手段，把企业的经济活动有效地围绕总目标的要求组织起来。

2. 组织管理

组织管理是建立组织结构，规定职务或职位，明确责权关系，以使组织中的成员互相协作配合、共同劳动，有效实现组织目标。

3. 物资管理

物资管理是对企业所需的各种生产资料进行有计划地组织采购、供应、保管、节约使用和综合利用等。

4. 质量管理

质量管理是对企业的生产成果进行监督、考查和检验。

5. 成本管理

围绕企业所有费用的发生和产品成本的形成进行成本预测、成本计划、成本控制、成本核算、成本分析、成本考核等。

6. 财务管理

财务管理是对企业的财务活动包括固定资金、流动资金、专用基金、盈利等的形成、分配和使用进行管理。

7. 劳动人事管理

劳动人事管理是对企业经济活动中各个环节和各个方面的劳动和人事进行全面计划、统一组织、系统控制、灵活调节。

8. 营销管理

营销管理是企业对产品的定价、促销和分销的管理。

9. 团队管理

团队管理指在一个组织中，依成员工作性质、能力组成各种部门，参与组织各项决定和解决问题等事务，以提高组织生产力和达成组织目标。

10. 企业文化管理

企业文化管理是指企业文化的梳理、凝练、深植、提升，是在企业文化的引领下，匹配公司战略、人力资源、生产、经营、营销等管理条线、管理模块。

(四) 企业管理的方法

企业管理的方法包括多种策略与手段，旨在提升企业运营效率和效益。

1. 组织结构与管理模式：稳定与变革的平衡

(1) 抽屉式管理：明责赋权，秩序井然

抽屉式管理强调"职、责、权、利"的紧密结合，通过明确界定每个职位的工作职责、权限范围及利益分配，确保管理工作的有序进行。这种管理方式如同为每个管理岗位定制一个"抽屉"，里面清晰地列出了该岗位的职责清单、权利范围和激励措施，使得每位管理者都能清楚地知道自己的"一亩三分地"，从而高效、负责地开展工作。抽屉式管理促进了企业内部管理的规范化和标准化，为企业的稳定运营提供了坚实的基础。

(2) 危机式管理：居安思危，创新驱动

面对日益激烈的市场竞争，危机式管理倡导企业时刻保持警惕，将危机意识融入日常运营中。通过模拟外部挑战、分析潜在风险，企业能够提前布局，主动求变，激发内部的创新活力。危机式管理不仅要求企业具备快速响应市场变化的能力，更鼓励管理层和员工勇于尝试新方法、新技术，以创新的姿态应对未来的不确定性，实现企业的跨越式发展。

2. 员工参与和反馈机制：激发潜能，共创价值

（1）开放式管理：共筑愿景，增强归属感

开放式管理强调企业决策的透明度与员工的参与度，鼓励员工参与到企业战略的制定、执行和监督过程中来。这种管理方式打破了传统的层级壁垒，让员工感受到自己是企业大家庭的一分子，从而增强归属感和责任感。通过定期召开员工大会、设立意见箱、开展团队建设活动等方式，企业能够及时了解员工的心声，汇聚众智，共同推动企业发展。

（2）"一分钟"管理：即时反馈，激发潜能

"一分钟"管理是一种高效且人性化的员工管理方式，它主张管理者在日常工作中做到"一分钟目标设定、一分钟赞美、一分钟批评"。通过设定清晰、可量化的工作目标，管理者能够帮助员工明确方向；及时的赞美则能激发员工的积极性和自信心；而适度的批评则能帮助员工认识到自己的不足，及时改进。这种即时反馈机制有助于员工保持高效的工作状态，不断挖掘自身潜能，为企业创造更大价值。

3. 领导风格与策略：引领方向，激发团队

（1）漫步式管理：亲力亲为，沟通无界

漫步式管理是一种强调领导层深入一线，与员工保持密切沟通的领导风格。领导层通过定期走访各部门、与员工面对面交流，了解企业运营的实际情况，及时发现并解决问题。这种管理方式不仅拉近了领导与员工之间的距离，增强了团队的凝聚力，还能让领导层更准确地把握市场动态，为企业制定更加符合实际的战略规划。

（2）导向管理：明确方向，引领前行

导向管理要求领导层具备高度的前瞻性和战略眼光，能够为企业制定清晰、可行的发展蓝图。领导层通过深入分析市场趋势、竞争对手动态以及企业内部资源状况，为员工指明工作方向，制定切实可行的战略规划。同时，领导层还需通过有效的沟通和激励机制，确保每位员工都能理解并认同企业的愿景和目标，共同为实现企业愿景而努力。

4. 权利分配与责任分权管理：激发团队活力

在企业管理中，权利分配与责任分权是提升组织效能的重要手段。将权利适当分散至下级，不仅能够减轻高层管理者的负担，还能激发员工的责任感和主动性。这种模式下，员工被赋予更多的决策权，能够在其职责范围内迅速响应市场变化，做出有效决策。同时，明确的责任划分确保了每项任务都有专人负责，提高了团队的执行力和协作效率。

为了成功实施权利分配与责任分权，企业需要建立健全的授权机制，明确各级管理者的权责边界，并通过培训提升员工的决策能力和责任感。此外，建立有效的沟通渠道和反馈机制，确保信息流通顺畅，及时调整决策方向，也是保障这一管理模式成功的关键。

5. 合拢式管理：构建和谐团队，促进管理风格融合

合拢式管理强调个人与整体的和谐统一，倡导在团队内部创造一种包容、协作的氛围。它鼓励不同管理风格的融合，允许员工根据个人优势和团队需要灵活调整工作方式。这种管理方式有助于打破部门壁垒，促进跨部门合作，实现资源共享和优势互补。

实施合拢式管理，企业需要树立"以人为本"的管理理念，尊重员工的个性和差异，鼓励员工积极参与企业管理和决策过程。同时，企业通过团队建设活动和文化建设，增强员工的归属感和凝聚力，形成共同的价值观和行为规范。

6. 综合管理体系：协调资源，确保战略实施

综合管理体系是企业管理的核心框架，它综合考虑计划、组织、控制、激励和领导等多个环节，确保企业资源得到高效配置和有效利用。企业通过制订详细的工作计划和预算，明确组织结构和职责分工，实施有效的监控和评估机制，以及建立科学的激励和领导体系。综合管理体系能够推动企业战略目标的顺利实现。

为了确保综合管理体系的有效性，企业需要注重管理落地的实践，加强执行力建设。企业通过定期检查和评估各项管理活动的执行情况，及时发现问题并采取措施，加以改进，确保企业管理制度和策略得到有效实施。

7. 创新与变革：激发员工创造力，适应快速发展

在快速变化的市场环境中，创新与变革是企业保持竞争力的关键。企

业需要通过推行人事管理制度变革，激发员工的创造性和积极性，鼓励员工勇于尝试新事物，挑战传统思维。同时，企业通过制定灵活的管理策略和机制，以便在外部环境变化时能够迅速调整企业战略和资源配置。

为了促进创新与变革，企业需要营造开放包容的创新文化氛围，鼓励员工提出新想法和建议。同时，加强技术创新和研发投入，提升企业的核心竞争力和市场地位。此外，建立灵活的人才引进和培养机制，吸引和留住优秀人才，为企业发展提供源源不断的动力。

8.战略与目标设定：明确方向，确保长期发展

设定明确的企业目标和制定战略规划是企业管理的首要任务。通过明确企业愿景、使命和核心价值观，企业能够为员工指明发展方向，激发员工的使命感和责任感。同时，将战略目标层层分解至各个部门和岗位，明确各级管理者的职责权限范围，确保战略目标的顺利实现。

在制定战略规划时，企业需要充分考虑市场趋势、竞争态势和自身资源条件等因素，制定符合企业实际情况和未来发展的战略方案。同时，建立科学的战略评估和调整机制，根据市场变化和内部发展情况及时调整战略方向，确保企业长期稳定发展。

二、企业管理者

（一）企业管理者的角色

在复杂多变的商业环境中，企业管理者不仅是企业发展的舵手，更是推动组织前进的核心力量。他们身兼数职，扮演着多重角色，其中最为显著且不可或缺的便是人际角色、信息角色与决策角色。这三大角色相互交织，共同构成了企业管理者全面而复杂的职责体系。

1.人际角色：维护和谐

企业管理者首先是人际关系的桥梁，他们通过构建和维护组织内外的人际网络，为企业的稳健发展奠定坚实的基础。这一角色具体体现在以下几个方面：

（1）代表人

企业管理者是企业形象的直接体现，他们代表企业对外进行交往，如

参与行业会议、商务谈判等，展现企业的价值观和愿景，增强外界对企业的信任与好感。

（2）领导者

在内部，管理者是团队的领航者，通过激励、指导和支持团队成员，激发他们的潜能，促进团队协作与创新，确保团队目标与企业战略保持一致。

（3）联络者

管理者还需在组织内部各层级、各部门之间建立有效的沟通渠道，协调解决冲突，促进信息共享与资源整合，确保组织的高效运转。

2. 信息角色：洞察趋势与把握机遇

在信息时代，企业管理者作为信息的收集者、分析者和传播者，其信息角色的重要性日益凸显。

（1）监听者

管理者需要密切关注外部环境的变化，包括市场动态、竞争对手策略、政策法规等，以及时捕捉行业趋势，为决策提供数据支持。

（2）传播者

管理者不仅是信息的接收者，更是信息的传递者。他们需要将收集到的信息在组织内部进行有效传播，确保每位员工都能理解企业面临的挑战与机遇，激发全员参与和创新的热情。

（3）发言人

面对外部公众，管理者还需作为企业的官方发言人，准确、及时地传达企业的立场、成就与未来规划，维护企业的品牌形象和社会声誉。

3. 决策角色：引领方向与塑造未来

企业管理者的核心职责在于决策，他们需要根据内外部信息，制定并执行企业战略，引领企业走向成功。

（1）创业者

在企业初创或转型期，管理者需要展现出创业者的勇气和魄力，敢于冒险，敢于创新，为企业开辟新的市场和发展空间。

（2）资源分配者

管理者需合理调配企业资源，包括人力、物力、财力等，确保资源得到最优配置，支持企业战略目标的实现。

（3）危机管理者

面对突发事件或危机，管理者需迅速做出反应，制定应对措施，保护企业利益，维护员工和客户的安全与信心，展现领导者的决断力与担当。

（二）企业管理者的层级

在企业的庞大架构中，管理者作为连接战略与执行、引领组织前行的关键力量，其层级划分不仅体现了企业的组织结构，更深刻影响着企业的运营效率与长远发展。一般而言，企业管理者可大致划分为高层管理者、中层管理者与基层管理者三个层级，每个层级承担着不同的职责与使命，共同构筑起企业稳健前行的阶梯。

1. 高层管理者：战略舵手，愿景引领

高层管理者，作为企业的最高决策层，是企业战略方向的制定者和领航人。他们站在企业发展的全局高度，负责规划企业的长远发展目标、制定总体战略、构建企业文化与价值观体系，并决定企业的重大投资和资源配置。高层管理者的决策直接影响着企业的兴衰成败，他们需具备敏锐的市场洞察力、卓越的战略思维能力和高度的社会责任感。

高层管理者还需负责构建和维护一个高效、和谐的管理团队，通过制定合理的管理制度和激励机制，激发组织活力，确保战略目标的顺利实现。同时，他们也是企业与外部环境沟通的桥梁，负责与政府、投资者、媒体等各方建立良好关系，为企业发展营造有利的外部环境。

2. 中层管理者：战术执行，桥梁纽带

中层管理者是企业战略落地的重要推手，他们承上启下，既要对高层管理者的战略意图有深刻理解，又要能够将这些战略转化为具体的战术行动，指导基层团队有效执行。中层管理者在组织中扮演着桥梁和纽带的角色，他们需要协调各个部门之间的资源和工作，确保信息流通顺畅，团队协作高效。

除了执行战术，中层管理者还需具备一定的创新能力，能够在不违背企业战略方向的前提下，灵活应对市场变化，调整执行策略，以实现更好的业绩。同时，他们也通过言传身教，为基层管理者树立榜样，传递企业文化和价值观。

3. 基层管理者：一线指挥，细节落实

基层管理者是企业运营的直接执行者，他们身处一线，负责具体的工作安排、任务分配和绩效监督。基层管理者的管理水平直接关系到企业的生产效率和服务质量，他们需要对员工的工作状态、技能水平有深入了解，并能够根据实际情况进行有针对性的指导和培训。

在基层管理中，沟通与激励尤为重要。基层管理者需要与员工建立良好的沟通机制，倾听员工的声音，了解员工的需求和困惑，及时给予他们帮助和支持。同时，他们还需要通过合理的激励机制，激发员工的工作热情和创造力，促进团队凝聚力的形成。

(三) 企业管理者的核心技能

在快速变化的商业环境中，企业管理者的角色越发关键，他们不仅是组织战略的制定者，更是日常运营的指挥官。一个成功的管理者，需要具备一系列综合技能以应对复杂多变的市场挑战。其中，技术技能、人际技能和概念技能构成了管理者能力结构的三大支柱，它们相互支撑，共同推动着企业的稳健前行。

1. 技术技能：专业知识的基石

技术技能是指管理者在其专业领域或特定领域内，能够熟练运用相关技术、程序和知识来完成任务的能力。对于不同层级的管理者而言，技术技能的重要性虽有所差异，但无一不强调其基础性作用。基层管理者往往需要具备更为扎实的技术技能，以便直接指导员工操作，解决具体问题。而随着职位的晋升，虽然直接操作的需求减少，但理解并评估技术对项目、部门乃至整个企业的影响则变得尤为重要。

拥有技术技能的管理者，能够更好地把握行业动态，做出科学合理的决策，同时增强团队对其专业能力的信任，提升管理效率。因此，持续学习、紧跟技术发展趋势，是每位管理者不可或缺的责任。

2. 人际技能：和谐团队的纽带

人际技能，即处理人际关系的能力，是管理者不可或缺的软实力。在高度协作的现代企业中，管理者不仅是决策者，更是团队氛围的营造者。他们需要与上级有效沟通以获取支持，与下级建立信任以激发潜能，与平级协作以实现共赢，还需妥善处理外部关系以维护企业形象。

优秀的人际技能包括倾听、展现同理心、解决冲突、激励他人等。通过积极倾听员工意见，管理者能更准确地把握团队动态，及时调整管理策略；通过展现同理心，能够增强团队成员的归属感和忠诚度；通过高效解决冲突，促进团队内部的和谐与稳定；通过恰当的激励手段，激发员工的积极性和创造力。

3. 概念技能：战略视野的灯塔

概念技能，是管理者对复杂环境进行抽象概括，洞察事物发展规律，并据此制定长远战略的能力。它要求管理者具备广泛的知识面、深邃的洞察力和前瞻性的思维。在快速变化的市场环境中，概念技能显得尤为重要。

拥有概念技能的管理者，能够站在全局的高度审视问题，预见未来趋势，制定符合企业实际情况的战略规划。他们不仅关注眼前的业绩指标，更重视企业的可持续发展和长期竞争力。通过不断学习和思考，他们能够在复杂多变的环境中保持清醒的头脑，引领企业稳健前行。

三、企业管理与企业管理者的互动关系

企业管理与企业管理者之间存在着动态的、相互影响的互动关系。一方面，企业管理为企业管理者提供了施展才华的舞台和工具，使得他们能够通过有效的管理手段来推动企业的发展；另一方面，企业管理者的素质和能力又反过来影响企业管理的效果和质量。一个优秀的管理者能够带领企业走向辉煌，而一个平庸的管理者则可能使企业陷入困境。

因此，企业管理与企业管理者之间的关系是密不可分的。要实现企业的可持续发展，企业管理者就必须不断优化企业管理实践，提升自身素质和能力。这包括加强管理者的培训和教育，引入先进的管理理念和方法，建立健全的激励机制和约束机制等。

第三章　企业战略管理探究

第一节　企业战略管理的原则与过程

一、企业战略管理概述

(一) 企业战略的内涵

企业战略是企业未来生存发展的长期目标与实现该目标的途径和手段的总和。我们对企业战略的理解是广义的，即企业战略的内涵首先包括企业的长期目标，确定企业生存发展的长期目标本身就是一种战略行为；其次，如何实现企业的长期目标是企业战略的又一主要内容，所有能够实现战略目标的途径和手段都是企业战略不可分割的组成部分。

(二) 战略管理的内涵

战略管理是对一个企业的未来发展方向制定决策和实施这些决策的动态管理过程。

(三) 战略管理中的利益相关者：构建共赢生态的关键

在当今复杂多变的商业环境中，企业战略管理已不仅仅局限于对内部资源的优化配置与对业务模式的创新，更需深刻理解并有效管理那些与企业命运紧密相连的利益相关者。利益相关者理论强调，任何能够影响企业目标实现或被企业目标实现过程所影响的个人或群体，都应被视为企业战略管理中不可或缺的一部分。笔者旨在探讨战略管理中的利益相关者角色、影响机制及企业如何构建与利益相关者的共赢生态。

1. 利益相关者的分类

（1）企业内部利益相关者

第一，股东与投资者。他们是企业资金的提供者，关心企业的财务状况、盈利能力及长期增长潜力。

第二，管理层与员工。管理层负责制定并执行战略，员工则是战略实施的具体操作者，其满意度、忠诚度和能力直接影响企业绩效。

第三，董事会。作为企业的最高决策机构，董事会负责监督战略制定过程，确保其与企业的愿景、使命及价值观相契合。

（2）企业外部利益相关者

第一，客户。企业的产品或服务直接面向的是客户，其需求、偏好及反馈是企业战略调整的重要依据。

第二，供应商与合作伙伴。为企业提供原材料、技术或服务，其稳定性、质量及合作意愿直接影响企业的运营效率和成本结构。

第三，政府与社会组织。政府通过政策法规影响企业经营环境，而社会组织则可能关注企业的社会责任、环境影响等问题。

第四，竞争对手与潜在进入者。他们构成市场结构的重要部分，企业的战略选择需考虑其在市场中的位置及竞争态势。

第五，社区与公众。企业所在地的居民、媒体及更广泛的公众，其态度和看法可能影响企业的品牌形象和社会声誉。

2. 利益相关者的影响机制

利益相关者通过多种途径影响企业的战略管理过程。一方面，他们的需求、期望和限制条件构成了企业战略制定的外部约束；另一方面，他们的支持或反对态度、资源投入或撤离行为，直接作用于企业的运营绩效和市场地位。因此，企业在制定战略时，必须全面评估各利益相关者的利益诉求，寻求平衡与共赢的解决方案。

（四）企业战略管理的特征

在复杂多变的商业环境中，企业战略管理作为企业持续发展与竞争优势构建的关键环节，其重要性不言而喻。战略管理不仅关乎企业当前的经营决策，更着眼于未来的长远发展。笔者将从长期性、核心性、权威性、整体性和适应性五个维度，深入探讨企业战略管理的核心特征。

1. 长期性

企业战略管理的首要特征是长期性。这一特征强调企业在制定战略时必须超越短期利益，以长远的眼光审视市场趋势、技术变革、竞争对手动态以及自身资源与能力的发展潜力。长期性要求企业设定清晰、可量化的长期目标，并围绕这些目标构建战略框架，确保所有经营活动和资源配置都服务于实现这些长远目标。通过持续的战略评估与调整，企业能够在不断变化的环境中保持方向感，稳步前行。

2. 核心性

企业战略管理的核心性体现在其对企业整体运营和未来发展的决定性影响上。战略管理不仅仅是高层管理者的专属领域，还是贯穿企业各个层级和职能部门的核心工作。它要求企业明确自身的核心竞争力，即那些能够为企业带来持续竞争优势的独特资源和能力。通过战略聚焦，企业能够集中资源于关键领域，强化核心优势，从而在激烈的市场竞争中脱颖而出。

3. 权威性

权威性是企业战略管理不可或缺的特征之一。战略一旦制定并经过高层认可，便成为指导企业行动的纲领性文件，具有高度的权威性和约束力。这要求企业上下对战略有深刻的理解和认同，确保战略意图能够准确传达至每一个员工，并转化为实际行动。同时，战略管理过程中的决策机制、执行监控和绩效评估体系也应体现权威性，确保战略得到有效执行和及时调整。

4. 整体性

企业战略管理的整体性强调战略制定与实施过程中的全面性和系统性。它要求企业从全局出发，综合考虑内外部环境因素，确保战略方案既符合市场趋势，又能充分利用企业内部资源。整体性还体现在战略与企业文化、组织结构、业务流程等各个层面的深度融合上，形成协同效应，推动企业整体效能的提升。此外，战略管理还需关注不同职能部门之间的协调与配合，确保战略目标的顺利实现。

5. 适应性

在快速变化的商业环境中，企业战略管理的适应性显得尤为重要。适应性要求企业具备敏锐的市场洞察力和灵活的战略调整能力，能够及时捕捉市场机遇，应对潜在威胁。这包括建立有效的信息收集与分析系统，对外部环境进行持续监测；同时，加强内部沟通与协作，促进创新思维和快速响应机制的形成。通过不断试错与迭代，企业能够不断优化战略方案，确保战略与外部环境保持高度契合，实现可持续发展。

二、企业战略管理的原则

(一) 统筹管理原则

统筹管理原则是企业战略管理的基石，它强调在战略规划与执行过程中必须全面考虑企业内外部各种因素，实现资源的优化配置与整体协调。这要求企业管理层具备全局视野，能够跨部门、跨领域地整合信息，确保企业战略目标的制定既符合市场趋势，又符合企业自身的实际情况。通过统筹管理，企业能够形成统一的战略方向，减少内部冲突，提升整体效能。

(二) 环境适应原则

环境适应原则是企业战略管理的生命线。市场环境、技术革新、政策导向等外部因素的不断变化，要求企业必须保持高度的敏感性和灵活性，及时调整战略以适应外部环境的变化。这要求企业建立有效的市场监测机制，及时收集并分析相关信息，为战略调整提供数据支持。同时，企业还需培养自身的创新能力，通过技术创新、管理创新等方式，主动应对外部环境的变化，把握市场机遇。

(三) 全员参与原则

全员参与原则是企业战略管理成功的关键。企业战略管理不仅是高层管理者的责任，更是全体员工共同的责任和使命。通过全员参与，企业能够激发员工的积极性和创造力，汇聚集体智慧，使战略更加贴近实际，更具可操作性。此外，全员参与还能增强员工的归属感和责任感，形成上下一心、共同奋斗的良好氛围，为战略目标的实现奠定坚实的基础。

(四) 反馈修正原则

反馈修正原则是企业战略管理持续改进的保障。在战略执行过程中，难免会遇到各种预料之外的情况和问题。因此，企业必须建立有效的反馈机制，及时收集战略执行过程中的反馈信息，对战略进行评估和调整。这要求企业具备强大的自我审视和修正能力，能够客观地分析战略执行的效果与问题，及时采取措施进行改进。通过不断地反馈与修正，企业能够确保战略始终沿着正确的方向前进，不断适应外部环境的变化，实现企业的可持续发展。

三、企业战略管理的过程

(一) 企业战略管理过程的环节

战略管理过程是战略分析、战略选择及评价与战略实施及控制三个环节相互联系、循环反复、不断完善的一个动态管理过程。

1. 战略分析：洞察未来，明确方向

战略分析是企业战略管理的起点，也是最为基础且关键的一环。它通过对企业内外部环境进行全面、深入的分析，帮助企业识别出面临的机遇与挑战，明确自身的优势与劣势。具体而言，战略分析包括外部环境分析 (如 PESTEL 分析) 和内部环境分析 (如 SWOT 分析)。外部环境分析关注宏观环境、行业趋势、竞争对手动态等，帮助企业把握市场脉搏；内部环境分析则聚焦于企业资源、能力、文化等方面，明确企业的核心竞争力。通过这一环节，企业能够形成清晰的战略愿景和使命，为后续的战略制定提供坚实的依据。

2. 战略选择及评价：制定蓝图，评估优劣

基于战略分析的结果，企业进入战略选择及评价阶段。这一阶段的核心任务是根据企业的愿景、使命和目标，制定出多个可行的战略方案，并对其进行全面评估。战略选择需要考虑多个因素，包括市场定位、产品策略、竞争策略、资源配置等，旨在找到最适合企业发展的路径。同时，企业还需运用定量 (如成本效益分析) 和定性 (如专家评审) 的方法，对各个战略方案

进行综合评价，以确保所选战略的科学性和可行性。最终，企业会选择出最优或最符合当前条件的战略方案，作为未来发展的蓝图。

3. 战略实施及控制：行动落地，动态调整

战略实施及控制是将战略蓝图转化为实际行动，并通过监控和反馈机制不断调整和优化战略执行过程的关键环节。在这一阶段，企业需要制订详细的实施计划，明确责任分工，确保各项战略措施得到有效执行。同时，企业还需建立有效的监控体系，对战略执行情况进行定期评估，及时发现偏差并采取纠正措施。此外，市场环境的变化和内部条件的调整也可能要求企业对战略进行适时调整，以保持战略的适应性和有效性。因此，战略实施及控制是一个持续不断、动态调整的过程，旨在确保企业战略目标的顺利实现。

(二) 企业战略管理过程的特点

1. 系统性：全局视角，协调并进

企业战略管理同样具有高度的系统性，它要求企业从全局出发，综合考虑组织内外部环境以及各个局部活动的协调。

（1）总体发展的全局观

战略管理关注企业的长远发展，要求企业具备全局视角，将短期目标与长期愿景相结合，制定出既符合当前实际情况又具前瞻性的战略规划。这种全局观有助于企业避免短视行为，确保各项决策和行动都能为企业整体发展服务。

（2）内外部环境的综合分析

在制定和实施战略时，企业需全面考虑外部环境（如政策、市场、技术等）和内部环境（如资源、能力、文化等）的影响。通过 PESTEL 分析和五力模型等工具，企业可以深入分析外部环境的变化趋势和潜在风险；通过价值链分析、核心竞争力评估等方法，企业则可以明确自身的内部优势和劣势。这种综合分析有助于企业制定出更加精准有效的战略方案。

（3）局部活动的协调统一

战略管理还强调企业内部各个局部活动的协调统一。企业需要将战略目标层层分解，落实到各个部门和岗位，确保每位员工都清楚自己的职责和使命。同时，企业还需建立健全的沟通机制和协调机制，确保各部门之间的

信息畅通和协作顺畅。这种协调统一有助于形成企业内部的合力，共同推动战略目标的实现。

2. 长远预见性：洞见未来，引领变革

长远预见性是企业战略管理不可或缺的特质之一。它要求管理者不仅关注眼前的经营状况和市场动态，更要超越当下的视野，能够预见并适应未来环境的变化。这种前瞻性思维，是企业在快速变化的市场中保持竞争力的关键。

（1）趋势洞察与预测

管理者需持续关注技术革新、消费者行为变化、政策法规调整等宏观趋势，通过数据分析、市场调研等手段，准确把握行业发展趋势，为战略制定提供科学依据。

（2）愿景设定与目标规划

基于对未来趋势的预见，企业应设定清晰、可量化的长期愿景和阶段性目标。这些目标不仅指引着企业的日常运营，更激励着全体员工朝着共同的方向努力。

（3）灵活应变与战略调整

面对不可预测的未来，企业应保持战略的灵活性和韧性。当外部环境发生重大变化时，能够迅速评估影响，及时调整战略方向，确保企业始终沿着正确的轨道前进。

3. 外向竞争性：分析竞争，确保优势

外向竞争性是企业战略管理直接面对市场挑战的体现。在激烈的市场竞争中，企业不仅要关注自身的发展，更要密切关注竞争对手的动态，分析市场环境，确保自身在竞争中占据有利地位。

（1）竞争对手分析

通过收集竞争对手的信息，包括其产品、服务、市场份额、营销策略等，评估其优劣势，为自身战略制定提供参考。同时，还需关注潜在进入者和替代品的威胁，以及供应商和客户的议价能力，全面把握行业竞争格局。

（2）市场定位与差异化战略

基于竞争对手分析，企业应明确自身的市场定位，通过差异化战略构建独特的竞争优势。这包括但不限于产品创新、服务优化、成本控制、品牌塑造等方面，旨在满足特定消费群体的需求，提升客户满意度和忠诚度。

（3）竞争合作与战略联盟

在竞争中寻求合作，是企业战略管理的高级形态。通过与竞争对手、供应商、客户等建立战略联盟，共享资源、分担风险、拓展市场，共同应对市场挑战，实现共赢发展。

4. 决策重要性：塑造未来，奠定基石

战略决策作为战略管理过程的核心环节，直接关系到企业资源的优化配置、市场定位的选择、产品服务的创新方向以及竞争策略的制定。这些决策不仅影响企业的短期绩效，更影响企业的未来格局和竞争优势。

（1）资源分配

战略决策决定了企业如何将有限的资源（包括资金、人力、技术等）投入到最具潜力和价值的领域。精准的资源分配能够加速企业的成长步伐，提升整体运营效率。

（2）竞争优势

通过战略决策，企业能够识别并抓住市场机遇，避开潜在威胁，从而构建独特的竞争优势。这种优势可能是技术创新、品牌影响力、成本控制或是客户关系的深度维护。

（3）长期视角

与日常运营决策不同，战略决策更加注重长远利益，强调对未来趋势的预判和把握。它要求企业领导者具备高瞻远瞩的视野，能够在不确定性中寻找确定性的方向。

5. 跨职能整合：协同合作，共创辉煌

战略管理不仅仅是高层管理者的专属任务，它要求企业内部各个职能领域之间紧密合作。跨职能整合作为战略管理过程中的另一大特点，是实现战略目标、提升组织效能的重要途径。

（1）职能策略协同

在制定战略时，各职能部门需根据自身专长和战略要求，制定相应的职能策略。这些策略需相互支持、相互补充，共同服务于企业的整体战略目标。例如，营销部门可能需要研发部门提供具有竞争力的产品，而财务部门则需为整个战略实施提供充足的资金支持。

（2）组织结构适配

为了适应战略需求，企业往往需要调整其组织结构，以确保信息的顺畅流通和资源的有效配置。跨职能团队、项目制管理等新型组织形式应运而生，它们打破了传统部门的壁垒，促进了跨领域的合作与创新。

（3）文化融合

跨职能整合还体现在企业文化的塑造上。一个成功的战略不仅需要技术、资金等硬实力的支持，更需要全体员工对战略目标的认同和践行。企业文化的建设和传播，可以激发员工的积极性和创造力，形成强大的团队合力。

6. 灵活性与适应性

（1）灵活性的价值

灵活性是企业战略管理过程中不可或缺的一环。它指的是企业在面对外部环境突变或内部条件变化时，能够迅速调整战略方向、资源配置和运营策略的能力。在快速变化的市场环境中，这种能力尤为关键。比如，突如其来的技术革新、政策调整、消费者需求变化或竞争对手的新动向，都可能对企业的既有战略构成挑战。此时，拥有高度灵活性的企业能够迅速响应，把握机遇，规避风险，从而保持竞争优势。

（2）适应性的实践

适应性则是灵活性的进一步延伸，它要求企业不仅要在短期内做出调整，还要长期保持战略与环境的动态匹配。这意味着企业需要建立一套机制，能够持续监测外部环境的变化趋势，评估这些变化对企业的影响，并据此对战略进行前瞻性的调整。同时，企业内部文化、组织结构和管理流程也需要具备足够的弹性，以支持战略的快速调整和实施。

7. 持续改进

（1）持续改进的必要性

战略管理并非一蹴而就，而是一个持续优化的过程。持续改进强调在战略实施过程中，企业通过不断的信息反馈和业绩评价，及时发现问题，调整策略，以实现战略目标的最大化。这种过程性的优化不仅能够确保战略的有效执行，还能在实践中不断探索和发现新的增长点，为企业的长远发展奠定坚实基础。

（2）信息反馈与业绩评价

持续改进依赖于有效的信息反馈和业绩评价体系。企业需要建立一套科学的绩效指标体系，对战略执行情况进行定期评估，并将评估结果及时反馈给管理层和相关部门。通过这些信息，管理层可以了解战略实施的效果，识别存在的问题和瓶颈，进而制定针对性的改进措施。

（3）文化支持

此外，持续改进还需要得到企业文化的支持。鼓励创新、倡导持续改进的企业文化能够激发员工的积极性和创造力，促进跨部门之间的协作与沟通，为战略管理的持续优化提供强大的动力。

综上所述，战略管理过程的特点体现了其全面性、前瞻性、竞争性和持续改进的核心要素。

第二节　企业战略管理的方法

一、战略分析

（一）外部环境分析

1. 政治环境（Political）

政治环境是企业运营不可忽视的外部因素之一，它涵盖了国家政策、法律法规、政治稳定性等多个方面。政策法规的变动直接影响企业的经营合法性、市场准入条件及运营成本。例如，政府对特定行业的鼓励政策（如税收优惠、补贴支持）可以为企业带来发展良机；反之，严格的环保法规或贸易壁垒则可能增加企业运营成本，限制其市场扩张。此外，国际政治关系的变化，如贸易战、关税调整等，也会对企业的国际贸易活动产生深远影响。因此，企业需密切关注政治动态，及时调整战略方向，以确保合规经营并抓住政策红利。

2. 经济环境（Economic）

经济环境是影响企业生存与发展的基础条件，包括经济增长率、通货膨胀率、利率水平、汇率变动、消费者购买力等多个方面。经济增长为企业提供了广阔的市场空间和增长动力，而通货膨胀则可能削弱消费者的购买力，影响企业的销售和利润。此外，利率和汇率的变动不仅影响企业的融资成本，还直接关系到跨国企业的国际竞争力。企业需深入分析经济环境的变化趋势，预测市场需求和成本结构的变动，以制定灵活的价格策略和成本控制措施，保持市场竞争力。

3. 社会环境（Social）

社会环境反映了社会文化、人口结构、消费观念、价值观等方面的变化，这些变化直接影响市场需求和消费行为。随着人口老龄化的加剧，医疗健康、养老服务等领域的需求日益增长；同时，年轻一代的消费观念更加注重个性化、品质化和体验化，这给企业的产品创新和服务升级提出了更高要求。此外，环保意识的提升促使企业更加注重可持续发展和社会责任，绿色生产、节能减排成为企业发展的重要方向。企业需紧跟社会潮流，深入理解消费者需求的变化，不断调整产品和服务策略，以满足市场需求。

4. 技术环境（Technological）

技术环境是企业外部环境中最具活力和变革性的部分。新技术的出现不仅能颠覆传统行业格局，为企业带来前所未有的发展机遇，也可能使现有产品迅速过时，威胁企业的生存。例如，互联网、大数据、人工智能等技术的广泛应用，极大地改变了企业的生产模式、营销方式和客户关系管理。企业需密切关注技术发展趋势，加大研发投入，推动技术创新和产业升级，以技术领先优势抢占市场先机。同时，企业还需关注技术替代风险，及时评估新技术对现有业务的潜在影响，制定相应的应对策略。

(二) 行业环境分析

在当今复杂多变的市场环境中，企业战略管理是企业持续成长与竞争优势构建的核心。而行业环境分析作为战略制定的基础，有着极其重要的作用。迈克尔·波特的五力模型，作为行业环境分析的经典工具，为企业提供了深入理解行业竞争格局、评估市场吸引力的框架。笔者将从波特五力模型的五个维度出发，探讨企业如何运用这一模型进行行业环境分析，以制定有效的战略。

1. 行业内现有竞争者的竞争强度

现有竞争者之间的竞争是五力模型中的首要力量。分析这一维度时，企业需关注竞争对手的数量、规模、市场份额、产品差异化程度、成本结构、战略方向及反应速度等因素。高竞争强度往往伴随着价格战、广告战、产品升级等策略，要求企业不断创新、提升效率，以差异化或低成本策略脱颖而出。企业可通过市场调研、竞争对手分析、SWOT 分析等方法，明确自身在竞争中的位置，制定针对性的竞争策略。

2. 潜在进入者的威胁

潜在进入者可能带来新的产能和竞争，影响行业利润水平。企业分析潜在进入者威胁时，需考虑进入壁垒的高低，如技术壁垒、资金壁垒、政策壁垒、品牌忠诚度等。高壁垒能有效阻止新进入者，而低壁垒则可能引发激烈竞争。企业可通过加强技术创新、构建品牌优势、扩大规模经济效应等方式，提高行业进入门槛，同时密切关注行业动态，及时应对潜在威胁。

3. 替代品的威胁

替代品是指那些能够满足相同或相似需求的不同产品或服务。替代品的存在限制了行业内产品的定价空间，增加了竞争压力。企业分析替代品威胁时，需评估替代品的性能、价格、可获得性及其发展趋势。企业应通过不断创新，提升产品性能，降低成本，增强客户黏性，以抵御替代品的冲击。同时，应探索多元化发展路径，减少对单一市场的依赖。

4. 供应商的议价能力

供应商的议价能力直接影响企业的成本结构和盈利能力。当供应商集中度高、产品差异大、转换成本高或对企业生产至关重要时，其议价能力较强。企业可通过多元化供应商策略、建立长期合作关系、提升自身议价能力(如规模采购、技术升级、减少原材料依赖)等方式，降低供应商议价能力的影响。

5. 购买者的议价能力

购买者的议价能力同样重要，它决定了企业产品的售价和利润空间。当购买者集中度高、产品标准化程度高、转换成本低或信息充分时，其议价能力较强。企业应通过提供差异化服务、增强品牌影响力、优化销售渠道、提升客户体验等方式，增强客户忠诚度，降低购买者议价能力的影响。同时，应关注市场需求变化，灵活调整定价策略，以应对市场波动。

以智能手机为例，行业环境分析如下：

第一，行业内现有竞争者的竞争强度。智能手机行业是一个高度竞争且技术驱动的领域，现有竞争者众多，包括苹果、三星、华为、小米等全球知名品牌。这些企业不仅在技术创新上不断突破，还通过差异化的产品设计、强大的品牌影响力、完善的销售渠道以及优质的售后服务来争夺市场份额。竞争强度体现在价格战、广告战、新品发布速度等多个方面。企业需通过持续创新、优化成本结构、加强品牌忠诚度等措施来应对激烈的竞争。

第二，潜在进入者的威胁。智能手机行业的进入门槛相对较高，新品牌面临多重挑战。技术壁垒是首要障碍，包括芯片研发、操作系统开发、软件生态构建等；其次是品牌知名度和市场接受度的建立，需要巨额的营销投入和时间积累；再者，现有企业通过专利布局、供应链整合等手段构建的防御壁垒也增加了新进入者的难度。尽管如此，随着技术进步和市场细分，仍不乏有企业通过独特定位或技术创新成功切入市场，如 Realme、一加等品牌的崛起。

第三，替代品的威胁。智能手机行业面临的替代品威胁主要来自具有相似功能或能满足相同需求的其他电子产品，如平板电脑、智能手表、可穿戴设备等。尤其是平板电脑，以其大屏幕、便携性等特点，在娱乐、办公等场景下对智能手机构成了一定程度的替代威胁。此外，随着5G、物联网等技术的发展，未来可能出现更多新兴设备形态，进一步加剧替代品的竞争压力。企业应关注技术趋势，灵活调整产品策略，保持产品线的多样性和竞争力。

第四，供应商的议价能力。智能手机行业中的关键供应商，如芯片制造商（高通、联发科技）、显示屏供应商（三星、京东方）等，在某些情况下具有较强的议价能力。这些供应商往往掌握着核心技术或具有规模优势，能够影响整个产业链的成本结构和产品性能。因此，企业需要建立稳定的供应链关系，通过多元化供应商选择、加强自主研发能力等方式来降低对单一供应商的依赖，增强议价能力。

第五，购买者的议价能力。智能手机市场的购买者主要包括终端消费者和渠道商。随着市场竞争的加剧和信息的透明化，消费者越来越倾向于比较不同品牌、不同型号产品的性能、价格和服务，从而拥有较强的议价能力。渠道商则通过批量采购、渠道整合等方式增强自身议价实力。企业需通过提供差异化产品、优化销售渠道、提升服务质量等方式，增强品牌吸引力，降低购买者的议价能力。

(三) 内部环境分析

内部环境分析旨在深入了解企业自身的运营状况、资源禀赋及能力水平，为战略制定提供内部视角的洞察。这一过程不仅帮助企业识别自身的核心竞争力，还能揭示潜在的风险与不足，为后续的战略选择、实施与调整提供有力支撑。

1. 资源分析：有形资源与无形资源的双重考量

(1) 有形资源

第一，设备。先进的生产设备是企业生产效率与产品质量的保障。分析设备的先进性、维护状况及更新换代能力，有助于评估企业的生产效率和成本控制能力。

第二，资金。充足的资金流是企业运营与扩张的基石。分析企业的财务状况，包括现金流、负债结构、融资能力等，有助于判断企业的财务稳健性和投资潜力。

第三，土地与设施。地理位置优越的厂房、仓库及办公设施能降低运营成本，提升物流效率。评估这些资源的价值、利用率及未来扩展空间，对制定长期发展战略至关重要。

(2) 无形资源

第一，品牌。品牌是企业最宝贵的无形资产之一，它代表了企业的市场声誉、客户忠诚度及品牌价值。分析品牌知名度、美誉度及市场影响力，有助于明确品牌建设的方向与目标。

第二，专利与知识产权。专利、商标、版权等知识产权是企业技术创新与市场竞争力的体现。评估知识产权的数量、质量及保护状况，有助于规划企业的研发策略与市场布局。

第三，企业文化。企业文化是企业的灵魂，它影响着员工的行为模式、价值观念及团队协作效率。分析企业文化的特点、优势及潜在问题，有助于构建积极向上的组织氛围，提升企业的整体竞争力。

2. 能力分析：核心能力的深度剖析

（1）生产能力

生产能力是企业将资源转化为产品或服务的能力。分析生产流程、技术水平、产能利用率及成本控制能力，有助于识别生产环节的瓶颈与改进空间，提升生产效率与产品质量。

（2）营销能力

营销能力是企业开拓市场、吸引客户并促进销售的能力。评估市场定位、品牌建设、渠道管理、促销策略及客户关系管理能力，有助于优化营销策略，提升市场份额与客户满意度。

（3）研发能力

研发能力是企业持续创新、保持竞争优势的关键。分析研发投入、研发团队、技术创新成果及知识产权保护能力，有助于规划研发方向，加速新产品开发，推动企业技术进步与产业升级。

二、战略制定

（一）确定企业使命、愿景和价值观

1. 使命

明确企业存在的意义和目的，例如中国平安保险（集团）股份有限公司以对客户负责、服务至上、诚信保障为使命，它表达了企业的基本任务和责任，为战略制定提供方向。

2. 愿景

描绘企业未来的理想状态和长远目标，如成为中国企业改革的先锋和金融服务业学习的楷模，建设国际一流的综合金融服务集团。愿景为企业员工提供了一个共同奋斗的目标，激励员工朝着这个方向努力。

3. 价值观

如企业倡导的诚实、守信、进取的个人价值观和团结、活力、学习、创新的团队价值观，价值观指导企业员工的行为和决策，是企业文化的核心部分，影响战略的制定和执行。

(二) 选择战略类型

1. 总体战略

(1) 发展战略

企业可以选择密集型发展 (如市场渗透、市场开发、产品开发)、一体化发展 (如前向一体化、后向一体化、横向一体化) 或多元化发展 (相关多元化、非相关多元化) 战略。例如，一家餐饮企业通过在现有市场增加门店数量实现市场渗透，或者进入新的区域市场实现市场开发，也可以开发新的菜品来实现产品开发。如果向上游食材供应环节发展就是后向一体化，向下游的餐饮配送等环节发展则是前向一体化；涉足酒店业务等非餐饮业务则属于多元化发展。

(2) 稳定战略

当企业在市场上处于相对稳定的状态，暂时不寻求大规模扩张或变革时，可以采用稳定战略，保持现有的市场份额和经营模式。

(3) 收缩战略

企业在面临困境或某些业务不再盈利时，可以采用收缩战略，如剥离不良资产、精简业务部门等。

2. 竞争战略

(1) 成本领先战略

如俄亥俄州牛排包装公司通过改造价值链，减少牛群运输费用和牛肉废弃，降低出厂成本，从而在牛排包装行业取得成本领先地位。企业需要满足产品标准化或同质化等实施条件。

(2) 差异化战略

企业可以通过提供与竞争对手不同的产品或服务来吸引消费者。例如苹果公司的产品在设计、功能和用户体验上与其他品牌形成差异。企业需要具备独特的资源和能力来实施这一战略。

(3) 集中化战略

企业将资源集中于特定的细分市场或特定的顾客群体。比如一家小型高端手工定制皮鞋企业，专门针对高收入、对皮鞋品质和个性化有高要求的顾客群体开展业务。

三、战略实施

在复杂多变的市场环境中，企业战略管理不仅是制定宏伟蓝图的过程，更是将蓝图转化为现实行动的艺术。战略实施作为这一过程的核心环节，直接决定了企业战略能否成功落地，转化为企业的竞争优势。笔者将从组织架构调整、资源分配以及企业文化建设三个方面，深入探讨企业战略实施的有效方法。

(一) 组织架构调整：为战略护航的基石

组织架构是企业内部的骨骼系统，它支撑着企业的日常运营与长期发展。根据战略目标的不同，对组织架构进行适时调整，是确保战略顺利实施的首要任务。

1. 多元化战略与事业部制

当企业采取多元化战略，涉足多个不同领域或产品线时，事业部制的组织架构能够充分发挥其优势。每个事业部相对独立，拥有自己的决策权和管理体系，能够快速响应市场变化，实现资源的有效配置和风险的分散管理。这种架构促进了不同业务之间的专业化和精细化运营，为企业的多元化发展提供了坚实的组织保障。

2. 成本领先战略与扁平化管理

对于追求成本领先的企业而言，减少管理层级、提高决策效率是降低成本的关键。扁平化的组织架构通过缩短信息传递链条，加快决策速度，减少不必要的中间环节，从而显著降低管理成本。同时，这种架构还能激发员工的积极性和创造力，促进内部沟通与协作，为企业的持续成本优化奠定基础。

(二) 资源分配：精准投放，聚焦战略重点

资源是企业实现战略目标的物质基础，合理的资源分配是战略实施的关键环节。企业应根据战略重点，精准投放人力、物力和财力资源，确保战略目标的实现。

1. 项目导向的资源调配

当企业决定重点发展某项新产品研发项目时，应迅速调配相应资源，

包括组建专门的研发团队、提供充足的研发资金、配置先进的研发设备等。这种项目导向的资源调配模式，能够确保关键项目获得足够的支持，加速产品上市进程，抢占市场先机。

2. 动态调整与灵活配置

市场环境瞬息万变，企业战略也需随之调整。因此，企业在资源分配过程中应保持灵活性，根据战略实施的实际情况进行动态调整。对于表现不佳的项目，企业应及时止损，将资源转移到更具潜力的领域，确保资源的高效利用和企业的持续发展。

(三) 企业文化建设：战略落地的软实力

企业文化是企业的灵魂，它渗透于企业运营的方方面面，对战略实施起着潜移默化的作用。构建与战略相匹配的企业文化，是战略成功实施的重要保障。

1. 创新文化与包容失败

对于实施创新战略的企业而言，营造鼓励创新、包容失败的企业文化至关重要。这种文化能够激发员工的创新潜能，鼓励员工勇于尝试、敢于突破，员工即使失败也能从中吸取教训，不断前进。在这样的氛围中，企业能够持续推出具有竞争力的新产品和服务，保持市场领先地位。

2. 节约、高效的成本意识

对于追求成本领先的企业而言，倡导节约、高效的企业文化则是关键。这种文化强调资源的合理利用和成本的严格控制，鼓励员工在日常工作中注重节约、提高效率。这种潜移默化的影响，使节约、高效成为员工的自觉行为和价值观，从而推动企业在成本控制上取得显著成效。

四、战略评估与控制

(一) 建立评估指标体系

1. 财务指标与非财务指标的融合

构建全面的评估指标体系，是企业衡量战略实施效果的基础。这一体系应涵盖财务指标与非财务指标，以多维视角审视企业战略的执行情况。

（1）财务指标

如利润、销售额、资产回报率等，直接反映了企业的经济效益和运营效率。例如，年度销售额的增长情况不仅是市场开发战略成效的直接体现，也是评估企业市场竞争力的重要指标。通过对比历史数据与市场平均水平，企业可以清晰地认识到自身在市场中的地位变化及增长潜力。

（2）非财务指标

非财务指标包括市场份额、顾客满意度、员工满意度等，这些指标虽不直接贡献于财务报表，但对企业长期竞争力和可持续发展至关重要。顾客满意度调查结果能够直观反映产品或服务质量的提升效果，是企业优化产品结构和提升服务水平的重要依据。同时，员工满意度作为内部环境健康与否的"晴雨表"，直接影响企业的凝聚力和创新能力。

2.综合评估，精准定位

将财务指标与非财务指标相结合，形成一套综合评估体系，有助于企业更全面地了解战略实施的成效与不足。通过定期的数据收集与分析，企业可以精准定位战略执行中的亮点与痛点，为后续的战略调整提供有力支持。

（二）战略监控与调整

1.持续监控，敏锐洞察

战略监控是战略评估与控制的核心环节。企业需要建立一套高效的信息收集与反馈机制，持续跟踪内外部环境的变化及战略执行过程中的各项关键指标。这不仅包括市场动态、竞争对手策略等外部信息，也包括企业内部运营状况、资源配置效率等内部信息。

2.灵活调整，应对变化

面对快速变化的市场环境，企业必须具备高度的灵活性和适应性。当企业发现内外部环境发生重大变化或战略实施效果不佳时，应及时启动战略调整程序。这包括但不限于：

（1）产品定位调整

根据市场需求变化，调整产品特性、功能或目标用户群体，以适应新的市场趋势。

（2）营销渠道拓展

优化或新增营销渠道，扩大市场覆盖范围，提升品牌知名度和市场份额。

（3）资源配置优化

根据战略调整方向，重新分配资源，确保关键领域的投入与产出相匹配。

以互联网企业为例，面对市场竞争加剧和市场规模的变化，企业可能需要从聚焦小众市场转向拓展大众市场。这一过程中，企业除了要调整产品定位和营销渠道外，还需考虑技术创新、服务升级等多方面因素，以确保新战略的有效实施和市场竞争力的持续提升。

第四章　企业项目管理探究

第一节　项目与项目管理

一、项目概述

(一)项目的定义

项目是组织为了实现特定的目标而进行的一系列有序活动的集合。每个项目都有其独特的生命周期、资源分配、时间表、质量标准和成本预算。以下是关于项目及其组成要素的详细解释：

(二)项目的组成要素

项目的组成要素通常包括以下几个关键方面：

1. 项目的范围

项目的范围定义了项目的目标、内容和预期的结果。这是项目成功的基础，因为它决定了项目的边界和完成的标准。

2. 项目的组织结构

项目的组织结构涉及负责项目管理和执行的团队成员、角色和责任。这包括项目团队的组成、沟通渠道和管理架构。

3. 项目的成本

项目成本涵盖了在项目执行期间所有资源的费用，包括人力、物资、设备等。有效的成本管理确保项目在预算内被完成。

4. 项目的质量

项目质量涉及项目成果满足预定标准的程度。项目质量不仅包括产品或服务的质量，还包括过程质量和客户满意度。

5. 项目的时间进度

时间进度规划了项目各个阶段的开始和结束日期，确保项目被按时完成。良好的时间管理对于项目的成功至关重要。

在这些要素中，项目的范围和组织结构被视为基础，而质量、时间和成本则是在这些基础上可变的要素，受到范围和组织的直接影响。

(三) 项目的一般特点

项目的一般特点可以从多个角度来理解，以下是基于搜索结果总结的项目主要特点：

1. 临时性：明确始末，目标导向

项目的临时性是其最显著的特征之一，它指的是项目具有明确的开始和结束时间。尽管项目的持续时间可能因规模、复杂度和资源投入的不同而有所差异，从几天到数年不等，但一旦项目目标达成或项目生命周期自然结束，该项目即宣告终止。这种临时性并非意味着项目必然是短期的，而是强调了项目目标的明确性和完成后的终结性。

项目的临时性要求项目团队在项目初期就明确界定项目的范围、目标、可交付成果以及预期的完成时间。这种明确的导向性有助于团队成员保持高度的聚焦和紧迫感，确保资源的有效配置和时间的合理利用。同时，它也促使项目管理者在项目执行过程中不断监控进度，及时调整策略，以确保项目能够按时、按质、按量完成。

2. 独特性：创造差异，应对挑战

项目的另一个重要特征是独特性。每个项目都是为了满足特定的需求或解决特定的问题而存在的，因此它们所涉及的产品、服务或成果往往是独一无二的。这种独特性不仅体现在项目的最终成果上，也贯穿于项目的整个过程之中，包括项目的目标、范围、方法、团队构成以及所面临的挑战和风险等。

项目的独特性意味着没有两个项目是完全相同的，即使它们在某些方面存在相似之处，但在具体实施过程中也必然会出现差异。这种差异性给项目管理带来了挑战，因为项目经理无法简单地复制过去的经验或模式来应对当前的项目。相反，他们需要根据项目的具体情况进行定制化的管理，灵活应对可能出现的未知因素和不确定性。

为了应对项目的独特性带来的挑战，项目经理需要具备创新思维和解决问题的能力。他们需要不断探索新的方法和技术，优化项目流程，提高项目效率。同时，他们还需要建立良好的沟通机制，确保项目团队内外的信息畅通无阻，以便及时发现和解决潜在的问题和风险。

3. 渐进明细性：滚动式规划的艺术

项目的独特性首先体现在其目标和范围的不确定性上。在项目初期，尽管我们可能有一个大致的愿景和方向，但具体细节、技术路线、资源需求等往往难以完全明确。这种不确定性要求项目管理必须采取一种灵活而动态的方法，即渐进明细性（也称为滚动式规划）。

渐进明细性强调，项目计划不是一成不变的蓝图，而是一个随着项目进展不断被细化和调整的过程。在项目初期，制订一个相对粗略的、高层级的项目计划是必要的，它为项目提供了基本的方向和框架。随着项目的推进，信息逐渐丰富和问题逐步显现，项目团队需要不断地对计划进行审查和修订，以确保其与实际情况保持同步。

滚动式规划是实现渐进明细性的有效手段。它要求项目团队在每个阶段结束时，对下一阶段的工作进行详细的规划和预测，同时保持对后续阶段的概略性规划。这种"边做边计划"的方式，不仅提高了计划的灵活性和适应性，还增强了项目团队应对变化的能力。

然而，渐进明细性并不意味着无限制地变更项目计划。有效的变更管理至关重要，它要求项目团队在变更发生时，能够迅速评估其影响，并做出合理的决策。建立严格的变更控制流程，可以确保项目在保持灵活性的同时，不会偏离既定的目标和范围。

4. 跨职能性：团队协作的力量

项目的复杂性还体现在其跨职能性上。现代项目往往涉及多个部门和专业领域，需要不同专业背景的人员共同参与和协作。这种跨职能团队的出现，为项目带来了多元化的视角和丰富的资源，但同时也对团队的沟通、协调和整合能力提出了更高的要求。

为了有效地管理跨职能团队，项目经理需要采取一系列措施来加强团队成员之间的协作。首先，建立明确的沟通渠道和机制是至关重要的。定期召开会议、使用项目管理软件等工具，可以确保团队成员之间的信息畅通无阻。其次，项目经理还需要促进团队成员之间的相互理解和尊重，建立一种基于信任和共享的合作关系。这有助于减少误解和冲突，提高团队的凝聚力和工作效率。最后，跨职能团队还需要有效的整合机制来确保不同专业领域的工作能够顺利衔接和协同进行。这包括制定统一的项目标准和流程、明确各职能部门的职责和权限，以及建立有效的监督机制等。这些措施可以确保项目团队在复杂多变的环境中保持高度的协同性和一致性。

5. 项目的不确定性：挑战与机遇并存

（1）技术的不确定性

随着科技的飞速发展，新技术层出不穷，项目在技术应用上往往面临选择难题。技术路线的正确性、可行性及成熟度都是未知数，技术问题可能导致项目延期、成本超支，甚至失败。项目经理需保持敏锐的市场洞察力，紧跟技术趋势，同时建立灵活的技术评估与调整机制，以应对技术变革带来的不确定性。

（2）市场的不确定性

市场需求、竞争格局及用户偏好的快速变化，使得项目在启动之初设定的市场假设可能迅速失效。项目经理需建立持续的市场监测体系，及时调整项目目标和策略，确保项目成果符合市场需求，提升市场竞争力。

（3）资源的不确定性

项目执行过程中，人力资源、物资供应、财务支持等资源的不确定性也是常见问题。项目经理需具备强大的资源调配能力，通过有效沟通、谈判和风险管理，企业确保项目所需资源及时到位，减少因资源短缺造成的延误。

6. 项目的变革性：推动组织进步的引擎

（1）内部变革的催化剂

项目往往是组织内部流程优化、技术升级或文化转型的催化剂。通过项目的实施，组织可以打破旧有模式，引入新思想、新方法，提升整体运营效率和管理水平。项目经理需深刻理解组织变革的需求，设计合理的项目方案，确保变革过程平稳过渡，实现预期目标。

（2）外部变革的引领者

对于面向市场的项目而言，其成功实施往往能引领行业潮流，推动整个产业链乃至商业模式的变革。项目经理需具备前瞻性的视野，洞察行业发展趋势，通过创新的项目方案，为组织赢得竞争优势，同时也为社会进步贡献力量。

7. 管理不确定性，是引领变革成功的关键

(1) 强化风险管理

项目经理应建立完善的风险管理体系，包括风险识别、评估、监控和应对等环节。定期的风险审查会议、敏感性分析和应急计划制订，可以将不确定性转化为可控因素，降低项目失败的风险。

(2) 灵活调整策略

面对不断变化的外部环境，项目经理需保持高度的灵活性和适应性，根据项目进展和市场反馈，及时调整项目目标、计划和资源分配。这种动态管理的能力是确保项目顺利推进、实现变革目标的关键。

(3) 加强沟通与协作

有效的沟通是降低不确定性、促进变革成功的桥梁。项目经理应建立畅通的沟通渠道，确保项目团队、利益相关者及外部合作伙伴之间的信息透明和共享。同时，加强团队协作，激发团队成员的创新精神和执行力，共同应对项目挑战。

综上所述，项目的特点包括临时性、独特性、渐进明细性、跨职能性、不确定性和变革性，这些特点共同构成了项目管理的核心要素。

二、项目管理

(一) 项目管理的概念

项目管理是指项目的管理者在有限资源的约束下，运用系统的观点、方法和理论，对项目涉及的全部工作进行有效的管理，即对从项目的投资决策开始到项目结束的全过程进行计划、组织、指挥、协调、控制和评价，以实现项目的目标。

(二) 项目管理的职能

在快速变化的商业环境中，项目管理作为推动组织战略目标实现的关

键工具，其重要性日益凸显。从管理职能角度，企业可将项目管理划分为九大核心职能领域，这些领域相互交织、共同作用于项目的全生命周期，确保项目从启动到收尾的每一个阶段都能高效、有序地进行。笔者将对这九大职能领域进行深入剖析，探讨它们在项目管理中的关键作用及相互间的协同作用。

1. 项目整体管理

项目整体管理是项目管理的核心，它整合了其他八大职能领域，确保项目计划、执行、监控和收尾等各阶段之间的有效衔接和整体协调。整体管理包括制定项目章程、制订项目管理计划、指导与管理项目执行、监控项目工作、实施整体变更控制以及结束项目或阶段等关键过程，确保项目始终沿着既定的目标进行。

2. 项目范围管理

范围管理是定义和控制项目所应完成工作的过程。它包括范围规划、范围定义、创建工作分解结构（WBS）、范围核实和范围控制等步骤。有效的范围管理能够确保项目团队和利益相关者对项目目标和可交付成果的共识，避免范围蔓延，从而保证项目的成功交付。

3. 项目时间管理

时间管理是项目成功的重要因素之一，它涉及规划进度、定义活动、排列活动顺序、估算活动资源、估算活动持续时间、制订进度计划和控制进度等过程。通过科学的时间管理，项目团队能够合理安排工作，确保项目按时完成，同时优化资源利用。

4. 项目费用管理

费用管理关注项目资源的成本预算、估算、分配和控制。它包括规划成本管理、估算成本、制定预算、控制成本等过程。良好的费用管理有助于项目在预算范围内运行，减少不必要的开支，提高项目的经济效益。

5. 项目质量管理

质量管理是确保项目满足既定质量标准和要求的过程。它涉及规划质量管理、实施质量保证和控制质量等关键活动。通过制定质量标准、建立质量控制体系、实施质量检查和审计等措施，项目团队能够不断提升项目产品或服务的质量水平。

6.项目人力资源管理

人力资源管理关注项目团队的组织、建设和管理。它包括规划人力资源、组建项目团队、建设项目团队和管理项目团队等过程。有效的人力资源管理能够激发团队成员的积极性和创造力，促进团队协作，提高项目执行效率。

7.项目沟通管理

沟通管理是确保项目信息及时、准确、完整地传递给项目相关方的过程。它包括规划沟通、管理沟通、控制沟通等关键活动。良好的沟通管理能够减少误解和冲突，增强团队凝聚力，促进项目目标的顺利实现。

8.项目风险管理

风险管理是识别、分析、应对和监控项目风险的过程。它包括规划风险管理、识别风险、实施定性风险分析、实施定量风险分析、规划风险应对和控制风险等步骤。通过科学的风险管理，项目团队能够提前预见潜在问题，制定应对策略，降低风险对项目的不利影响。

9.项目采购管理

采购管理涉及从项目外部获取所需资源的过程。它包括规划采购、实施采购、控制采购等关键活动。有效的采购管理能够确保项目所需物资和服务的及时供应，降低采购成本，提高项目整体效益。

现代项目管理的九大职能领域相互依存、相互支持，共同构成了项目管理的完整框架。在项目实践中，项目管理者需要综合运用这些职能领域的知识和技能，根据项目的具体情况灵活调整管理策略，以实现项目的成功交付。同时，注重职能领域之间的协同与整合，加强团队建设和沟通管理，也是提升项目管理效能的关键所在。

（三）项目管理的意义

在当今快速变化的商业环境中，项目管理作为企业运营的核心驱动力之一，其重要性日益凸显。它不仅关乎项目的成功实施与交付，更是提升企业经济效益、优化资源配置、促进员工成长及增强市场竞争力的关键所在。

1.提升项目本身的经济效益

项目管理通过科学的方法论和严谨的流程控制，确保项目在预定时间、成本和质量标准内完成。在项目规划阶段，项目管理团队会进行详尽的成本估算与预算制定，为后续的成本控制奠定坚实基础。在执行项目的过程中，管理者通过持续的监控与调整，及时识别并纠正偏差，从而有效避免不必要的资源浪费。此外，项目管理还强调风险管理，通过识别潜在威胁并制定相应的应对策略，减少项目失败的可能性，从而最大限度地保障项目收益。这一系列措施的共同作用，显著提升了项目的经济效益，为企业创造了更大的价值。

2. 优化资源配置，实现更优配置

项目管理在资源调配方面发挥着不可替代的作用。它要求管理者根据项目的实际需求，对人力、物力、财力等资源进行科学合理的分配。企业通过项目优先级排序、资源负载平衡等策略，确保关键任务获得足够的资源支持，同时避免资源闲置或过度使用。这种精细化的资源管理不仅提高了资源使用效率，还促进了资源在不同项目之间的灵活流转，实现了企业资源的整体优化配置。在这样的管理机制下，企业能够以更低的成本、更高的效率完成更多高质量的项目，进一步增强市场竞争力。

3. 提升工作效率，加速项目进程

项目管理强调团队协作与沟通，通过明确的任务分配、责任界定以及高效的沟通机制，确保项目团队各成员能够紧密配合、协同工作。同时，项目管理还引入了诸如敏捷开发、精益管理等现代项目管理方法，鼓励持续改进和创新，不断优化工作流程，减少不必要的会议和等待时间，显著提升了工作效率。这种高效的工作模式不仅加速了项目进程，还增强了团队的凝聚力和执行力，为企业在激烈的市场竞争中赢得了宝贵的时间优势。

4. 促进员工能力提升，实现个人与企业共赢

项目管理不仅是项目成功的保障，更是员工成长的摇篮。在项目执行过程中，员工需要面对各种挑战和难题，通过解决这些问题，他们的专业技能、解决问题的能力、团队协作能力等综合素质得到了显著提升。同时，项目管理还注重员工的职业发展规划，通过识别员工的能力短板，提供针对性的培训和发展机会，帮助员工实现个人价值。这种以人为本的管理理念不仅激发了员工的工作热情和创造力，还为企业培养了一支高素质、高技能的人才队伍，为企业长远发展奠定了坚实的人才基础。

5. 增加客户满意度，提升公司声誉

高质量的项目成果是赢得客户信任的关键。当项目按照预定计划高质量完成时，客户不仅能够获得符合预期，甚至超越期望的产品或服务，还能感受到企业在项目管理上的专业性和责任感。这种积极的体验会转化为高度的客户满意度，进而通过口碑传播、重复购买和推荐新客户等方式，为企业带来长期稳定的收益。同时，良好的客户满意度也是企业声誉的重要组成部分，它有助于企业在激烈的市场竞争中脱颖而出，树立行业标杆。

6. 提升行业竞争力，拓宽市场空间

在日益激烈的行业竞争中，企业要想保持领先地位，就必须不断提升自身的核心竞争力。优秀的项目管理能力正是这一竞争力的核心要素之一。通过高效的项目管理，企业能够更快响应市场变化，更加灵活地调整战略方向，更加精准地把握客户需求。这种敏捷性和适应性使企业在面对市场挑战时更具韧性，能够在竞争中占据有利地位。此外，高质量的项目成果还能帮助企业开拓新的市场领域、拓宽业务边界，为企业创造更多的发展机会。

7. 创造更多潜在商机，促进可持续发展

项目管理不仅关注当前项目的成功，还注重通过项目的实施为企业带来长远的利益。一个成功的项目往往能够吸引更多的合作伙伴和客户关注，进而为企业创造更多的潜在商机。这些商机可能来自项目成果的后续应用、相关领域的拓展合作或是客户需求的深入挖掘。通过不断挖掘和利用这些商机，企业能够实现业务的持续增长和可持续发展。

8. 明确目标导向，确保方向正确

项目管理的核心在于实现项目目标。通过明确的项目目标设定与分解，项目管理能够将组织的战略意图转化为具体可执行的任务，为项目团队提供清晰的方向指引。在执行项目的过程中，项目管理团队会不断监控项目进展，确保各项活动与项目目标保持一致，及时发现并纠正偏离目标的行为。这种目标导向的管理方式，有助于保持项目团队的凝聚力和执行力，确保项目始终朝着既定的方向进行。

9. 强化风险管理，保障项目成功

任何项目都不可避免地面临各种风险和挑战。项目管理通过系统的风险识别、评估、应对和监控机制，帮助组织提前预见并有效应对潜在风险，减少不确定性对项目的影响。项目管理团队会定期评估项目风险状况，制定针对性的风险应对策略和预案，确保在风险发生时能够迅速响应、有效控制，从而保障项目的顺利进行和最终成功。

10. 促进团队协作，激发创新潜能

项目管理强调团队合作与沟通的重要性。通过构建跨部门、跨职能的项目团队，项目管理能够打破组织壁垒，促进信息共享与协同作业。在执行项目的过程中，项目管理团队会积极营造开放、包容的工作氛围，鼓励团队成员提出新想法、新建议，激发创新潜能。同时，项目管理还注重团队成员的个人成长与发展，提供培训、指导等支持措施，帮助团队成员不断提升专业技能和综合素质。

(四) 项目管理模式：构建高效执行与目标达成的系统框架

在快速变化的商业环境中，项目管理是确保复杂任务有序完成、资源有效配置及目标顺利达成的关键手段。项目管理模式作为这一领域的核心指导思想，旨在将项目视为一个动态且相互关联的系统，通过一系列精心设计的组织和管理策略，保障系统的高效运行与最终目标的圆满实现。

1. 项目管理模式的定义

项目管理模式，简而言之，是将项目管理理论、方法、技术和工具整合成一套系统化的操作流程，以指导项目从启动到结束的整个过程。它不仅仅关注项目的技术实施，更重视项目团队的组织架构、沟通机制、风险管理、质量控制等多个维度，确保项目在预定的时间、成本和质量标准内完成。这一模式的意义在于，它提供了一种结构化、标准化的管理方式，减少了项目执行中的不确定性和混乱，提高了项目成功的概率。

2. 项目管理的核心阶段

项目管理模式通常围绕五个核心阶段展开：启动、计划、执行、控制和结束，每个阶段都有其特定的目标和任务。

（1）启动阶段

这是项目的起点，主要任务是明确项目目标、范围、利益相关者及初步的资源需求。项目章程的制定，正式授权项目团队开展工作，并为后续阶段奠定基础。

（2）计划阶段

在明确项目需求后，计划阶段聚焦于制订详细的项目计划。这包括时间表、预算、风险应对策略、质量标准、人力资源分配等关键要素。良好的计划是项目成功的重要保障。

（3）执行阶段

进入执行阶段，项目团队按照计划开展具体工作，实施项目活动。此阶段强调团队协作、任务分配与监控，以及资源的有效调配。

（4）控制阶段

控制阶段贯穿于项目的整个生命周期，其核心在于监控项目进展，识别偏差，并采取纠正措施。定期的项目评审、风险管理、质量管理等手段，能够确保项目按计划推进。

（5）结束阶段

项目完成所有预定工作后进入结束阶段。此时，企业需要完成项目成果的验收、文档归档、资源释放及项目总结等工作，同时，通过总结经验教训，为未来的项目提供参考。

在实际应用中，项目管理模式的选择应根据项目的特点、组织文化及外部环境等因素灵活调整。例如，敏捷项目管理模式在快速变化、需求不明确的项目中表现出色，强调迭代开发、快速反馈和持续改进；而传统的瀑布模型则更适用于需求稳定、可预测性强的项目。

此外，随着数字化技术的不断发展，项目管理软件、云计算、大数据等技术的应用也日益广泛，为项目管理模式的创新提供了更多可能。这些技术不仅提高了项目管理的效率和准确性，还促进了项目团队之间的沟通与协作，进一步推动了项目管理模式的现代化和智能化。

（五）项目管理方法

1. 阶段化管理

（1）阶段化管理的内涵

阶段化管理，顾名思义，是将整个项目生命周期划分为一系列连续的、可管理的阶段或"里程碑"。每个阶段都有其特定的目标、任务、输出成果和决策点（也称为"阶段关口"），只有当前一阶段的工作得到批准和确认后，项目才能进入下一阶段。这种管理方法有助于项目团队清晰地理解项目的当前状态、未来方向及所需资源，从而做出更加明智的决策。

（2）阶段化管理的优势

第一，明确目标。每个阶段都有明确的目标和成果要求，使得项目成员能够集中精力完成当前任务，减少偏差。

第二，风险可控。通过定期评估和审查，阶段化管理能够及时发现并应对潜在风险，避免问题累积导致项目失败。

第三，资源优化。根据项目进展动态调整资源配置，确保资源在合适的时间用于最需要的地方。

第四，沟通顺畅。明确的阶段划分和成果要求促进了项目团队内外的有效沟通，增强了项目的透明度。

第五，灵活调整。阶段化管理允许项目团队在必要时调整计划，而不必推翻整个项目。

（3）阶段化管理的实施步骤

第一，项目启动与规划。明确项目目标、范围、预算、时间表等基本信息，制订项目管理计划，包括阶段划分、责任分配等。

第二，需求分析与设计。深入理解客户需求，完成系统或产品的初步设计，形成详细的设计文档。

第三，开发或执行。根据设计文档进行具体的开发或执行工作，确保各阶段产出符合预期标准。

第四，测试与验证。对开发成果进行全面测试，验证其功能和性能是否满足要求，发现并修复问题。

第五，部署与交付。将项目成果部署到生产环境，向客户进行交付，并提供必要的培训和支持。

第六，收尾与评估。总结项目经验教训，收集反馈，对项目进行最终评估，为未来项目提供参考。

（4）关键要素

第一，明确的阶段划分。基于项目特点和需求，合理划分阶段，确保各阶段之间的逻辑连贯性和独立性。

第二，有效的阶段评审。建立阶段评审机制，确保每个阶段的目标和成果得到充分评估和确认。

第三，良好的沟通与协作。加强项目团队内外的沟通与协作，确保信息畅通无阻，及时解决问题。

第四，灵活的项目管理计划。根据项目进展和市场变化，适时调整项目管理计划，保持项目的灵活性和适应性。

第五，持续的风险管理。识别、评估、监控和应对项目风险，确保项目在可控范围内顺利推进。

总之，阶段化管理作为一种高效的项目管理方法，通过清晰的阶段划分、有效的阶段评审和灵活的调整机制，为项目的成功实施提供了有力保障。在快速变化的市场环境中，掌握并熟练运用阶段化管理方法，对于提升项目管理水平、增强企业竞争力具有重要意义。

2. 量化管理

量化管理，作为项目管理的一种高级实践方式，通过数据驱动决策，为项目管理带来了前所未有的精确性和效率。笔者将深入探讨量化管理在项目管理中的应用，揭示其如何成为项目成功的坚实基石。

（1）量化管理的定义与意义

量化管理，简而言之，就是将项目管理过程中的各项要素转化为可度量的数据，利用这些数据进行深入分析，以指导项目决策和执行。它不仅仅关注结果的数据化，更强调过程的透明化和可控性。通过量化管理，项目团队能够更清晰地了解项目状态，及时发现问题，调整策略，从而确保项目目标的顺利实现。

（2）量化管理在项目管理中的应用领域

第一，时间管理。制订详细的项目时间计划（如甘特图），将任务分解到具体的时间节点，并监控实际进度与计划的偏差，及时调整资源分配。

第二，成本控制。对项目预算进行细分，为每个任务或活动设定成本限额，并定期比较实际支出与预算的差异，有效避免超支情况的发生。

第三，质量管理。设定明确的质量标准和指标（如缺陷率、客户满意度等），对项目成果进行量化评估，确保项目交付物达到既定的质量要求。

第四，风险管理。识别潜在风险，并对每个风险进行概率和影响程度的量化评估，制定相应的风险应对策略，减少风险对项目的影响。

第五，绩效管理。将项目成员的工作成果与预设目标进行对比，通过量化指标评价绩效，激励团队成员积极投入工作，提升整体工作效率。

（3）实施量化管理的关键步骤

第一，明确目标与指标。项目团队需要清晰定义项目目标，并将其转化为可量化的具体指标，如时间、成本、质量等方面的关键绩效指标（KPIs）。

第二，数据收集与整理。建立有效的数据收集机制，确保项目执行过程中的各项数据能够准确、及时地被记录和整理。

第三，数据分析与决策。运用统计分析、数据挖掘等方法，对收集到的数据进行深入分析，揭示项目运行中的规律和问题，为决策提供科学依据。

第四，反馈与调整。根据数据分析结果，及时对项目计划、资源分配、风险应对策略等进行调整，确保项目始终朝着既定目标前进。

第五，持续优化。量化管理是一个动态过程，项目团队应不断总结经验教训，优化管理流程和方法，提升量化管理的效果。

（4）量化管理的挑战与对策

尽管量化管理在项目管理中展现出巨大优势，但其实施也面临一些挑战，如数据收集难度大、数据质量参差不齐、团队对量化管理的抵触情绪等。针对这些挑战，项目团队可以采取以下对策：

第一，加强数据意识培养，提高团队成员对量化管理的认识和接受度；

第二，引入先进的数据收集和处理工具，提高数据收集效率和准确性；

第三，建立完善的数据质量控制机制，确保数据的有效性和可靠性；

第四，定期评估量化管理的实施效果，及时调整策略，持续优化管理过程。

量化管理作为项目管理的一种先进方法，以其精确性、透明性和可控性，为项目成功提供了有力保障。随着数据技术的不断发展和管理理念的持续创新，量化管理将在项目管理领域发挥越来越重要的作用。项目团队应积极开展量化管理，不断提升自身的管理能力和水平，以应对日益复杂的项目挑战。

3. 优化管理

在快速变化的商业环境中，项目管理作为企业实现战略目标的重要工具，其效率与成效直接关系到企业的竞争力和创新能力。优化管理，作为一种深入项目核心、提炼智慧并广泛传播的实践方法，不仅能够显著提升项目执行的效率与质量，还能在企业内部构建起一个学习型组织，促进知识的积累与共享，从而推动企业不断向前发展。

（1）深入理解优化管理的内涵

优化管理不仅仅是对现有管理流程的简单调整或技术升级，它更是一种系统性的思维方式，强调在项目执行的每一个阶段，管理者都要进行深入的反思与总结。这一过程包括对项目目标、计划、执行、监控及收尾等各个环节的细致分析，旨在从中提取出有价值的知识、成功的经验和失败的教训。通过将这些宝贵资源系统化地整理与记录，企业能够建立起一个丰富的知识库，为未来的项目管理和决策提供有力支持。

（2）提炼项目中的智慧与经验

第一，项目复盘。项目结束后，组织项目团队及相关利益方进行复盘会议，回顾项目全过程，分析成功因素与不足之处。通过集体讨论，企业能够提炼出可复用的最佳实践、技术创新点以及团队协作中的亮点。

第二，知识文档化。将复盘结果、关键决策依据、技术解决方案、风险应对策略等内容，以文档、视频、案例研究等形式记录下来，形成标准化的知识资产。这些文档不仅便于团队成员随时查阅，也是进行新员工培训的重要资料。

第三，经验分享会。定期举办经验分享会，鼓励项目团队成员分享自己的心得体会，促进跨部门、跨项目之间的学习与交流。这种开放式的沟通机制有助于激发创新思维，避免"重复造轮了"。

（3）吸取教训，持续改进

第一，建立反馈机制。在项目执行过程中，建立有效的反馈渠道，鼓励团队成员及时报告问题、提出建议。管理层应重视这些反馈，迅速响应并采取措施去解决问题，同时将这些反馈作为改进流程的依据。

第二，分析根本原因。对于项目中出现的问题，管理层不仅要解决表面现象，更要深入剖析其根本原因。通过根本原因分析等工具，找到问题的根源，并采取针对性措施，防止类似问题再次发生。

第三，持续改进计划。基于项目复盘和反馈结果，制订持续改进计划。这包括优化项目管理流程、提升团队技能、引入新技术或工具等，确保项目管理水平不断提升。

（4）在全公司传播有益知识

第一，建立知识管理系统。利用现代信息技术，建立知识管理系统（KMS），将项目中的知识、经验、教训等集中存储、分类管理，便于全员访问和学习。

第二，强化培训与发展。将项目管理知识纳入员工培训计划，特别是对新入职员工和晋升员工，进行系统的项目管理知识培训。同时，鼓励员工参加外部培训、认证考试等，不断提升个人专业能力。

第三，营造文化氛围。倡导"终身学习"的理念，鼓励员工在日常工作中不断学习新知识、新技能。设立"学习之星""创新奖"等激励机制，激发员工的学习热情和创新能力。

总之，优化管理是项目管理中的一项重要任务，它要求企业不断从项目中提炼智慧、总结经验、吸取教训，并将这些宝贵资源在全公司范围内广泛传播。通过这一过程，企业不仅能够提升项目管理水平，还能在快速变化的市场环境中保持敏锐的洞察力和强大的竞争力。

第二节 项目管理和企业管理知识体系的交叉性

项目管理和企业管理虽然各有侧重点，但在实际操作中，它们之间存在着密切的联系和交叉。以下是根据给定的搜索结果进行的分析。

一、项目管理与企业管理的联系

在当今复杂多变的商业环境中，企业管理的核心在于如何高效、灵活地应对市场挑战，实现可持续发展。而项目管理，作为企业管理体系中的重要组成部分，不仅是企业战略落地的关键途径，更是推动企业内部协同、优化资源配置、提升整体效能的重要工具。项目管理与企业管理之间存在着密不可分的联系，两者相辅相成，共同为企业价值最大化贡献力量。

(一) 项目：企业战略实现的基石

企业战略是企业长远发展的蓝图，它定义了企业的愿景、使命、目标和实现路径。然而，战略的宏伟蓝图需要通过一系列具体、可操作的行动来转化为现实。这时，项目便成为连接战略与执行之间的桥梁。企业将战略目标细化为一系列相互关联、具有明确时间节点和预期成果的项目，通过项目管理的科学方法，如项目计划的制订、进度控制、风险管理、质量保证等，确保每个项目都能按时、按质、按量完成，从而逐步累积成果，推动企业战略目标的实现。

(二) 项目管理的桥梁作用：促进跨部门协同

在企业管理中，不同部门往往承担着不同的职能和责任，如何打破部门壁垒，实现资源的有效整合和高效利用，是企业面临的一大挑战。项目管理在这个过程中发挥了不可替代的作用。项目经理作为项目的核心管理者，不仅要具备专业技能和项目管理知识，更要具备卓越的协调能力和领导力。他们负责统筹协调各个部门的资源，包括人力、物力以及财力等，确保项目所需资源的及时到位和有效配置。同时，项目经理还需促进不同部门之间的沟通和协作，通过项目的具体实施，激发组织的协同效应，形成合力，共同推动项目成功。

(三) 共同追求的目标：价值最大化

无论是企业管理还是项目管理，其核心目标都是实现价值最大化。企业管理通过制定战略、优化流程、提升效率等手段，旨在为企业创造长期的经济价值和社会价值。而项目管理则通过精细化管理、风险控制、质量保证等措施，确保项目能够按时交付、成本可控、质量达标，从而为企业带来直接的经济效益和品牌效益。两者在目标追求上高度一致，都是为了实现企业的可持续发展和价值最大化。

二、项目管理与企业管理的融合实践

(一)构建统一组织架构：项目管理部门的核心作用

1. 设立专门的项目管理部门

企业内部设立独立的项目管理部门，是项目管理与企业管理融合的关键一步。该部门负责项目的全生命周期管理，包括项目筛选、立项、规划、执行、监控及收尾等各个环节。项目管理部门作为项目与企业战略之间的桥梁，确保所有项目均紧密围绕企业战略目标展开，同时协调解决项目执行过程中遇到的跨部门问题。

2. 强化跨部门协作机制

项目管理部门需与其他职能部门（如财务、人力资源、市场营销等部分）建立紧密的合作关系，形成跨部门协作机制。管理部门通过定期召开项目协调会议、建立信息共享平台等方式，打破部门间的信息孤岛，促进资源、知识与经验的共享。这种协作机制有助于快速响应市场变化，灵活调整项目策略，提高决策效率。

(二)建立统一的资源管理制度：保障资源公平高效利用

1. 制定资源分配原则

企业需明确资源分配的原则和标准，确保资源的公平、合理、高效利用。这包括人力资源、财务资源、物资资源及信息技术资源等。项目管理部门应根据项目优先级、资源需求预测及企业整体资源状况，制订详细的资源分配计划，并与各职能部门协商确认，确保资源使用的透明度和有效性。

2. 优化资源配置与利用

在项目实施过程中，项目管理部门需持续监控资源的使用情况，及时评估资源利用效率，并根据项目进展和外部环境变化进行动态调整。企业通过引入先进的项目管理工具和技术，如资源负荷图、增值分析等，实现对资源使用的精细化管理和优化，确保项目按计划顺利推进。

(三) 文化与流程融合: 促进理念与实践的统一

1. 培育项目管理文化

企业应将项目管理理念融入企业文化之中,形成全员参与项目管理的良好氛围。企业应通过培训、宣传、激励等措施,提高员工对项目管理重要性的认识,增强其项目意识和协作精神。同时,鼓励员工提出创新性的项目管理方法和工具,推动企业项目管理水平的持续提升。

2. 优化项目管理流程

结合企业实际情况,优化项目管理流程,确保流程简洁、高效、可控。标准化、流程化的管理方式,能够降低项目执行过程中的不确定性和风险,提高项目成功率。同时,要注重流程的持续改进,根据实践经验和企业发展需要,不断调整和完善项目管理流程。

项目管理与企业管理的深度融合,是提升企业整体运营效率和竞争力的有效途径。通过构建统一的组织架构、建立统一的资源管理制度以及促进文化与流程的融合,企业可以打破部门壁垒,促进信息共享和资源协同,确保项目在公平、合理、高效的环境中顺利推进。这不仅有助于实现企业的短期目标,更为企业的长远发展奠定了坚实的基础。

三、项目管理与企业管理的知识体系交叉

项目管理与企业管理作为推动企业持续发展的关键力量,其知识体系之间的交叉融合日益成为企业核心竞争力的重要组成部分。项目管理知识体系 (Project Management Body of Knowledge, PMBOK) 作为项目管理领域的权威指南,不仅涵盖了经典的项目管理理论、工具和技术,还不断吸纳新兴理论与实践经验,为复杂多变的项目环境提供了强有力的支撑。而企业管理知识体系则更为广泛,涉及战略规划、组织架构、资源配置、人力资源管理等多个维度,旨在实现企业整体效能的最大化。两者虽各有侧重,但在多个关键领域上展现出显著的交叉与互补性。

(一) 战略规划的协同作用

战略规划是企业发展的蓝图,也是项目管理的起点。项目管理知识体

系强调项目目标与组织战略的一致性，要求项目团队在项目启动之初就明确项目如何支持企业战略目标的实现。这种以战略为导向的项目管理方法，使得项目管理成为企业战略落地的重要工具。同时，企业管理知识体系中的战略分析工具（如 SWOT 分析、PESTEL 分析等）也为项目团队提供了制订项目目标、评估项目可行性的重要参考。

(二) 资源配置的优化整合

资源是项目成功与否的关键因素之一。项目管理知识体系中的资源管理模块，详细阐述了如何高效配置、调度和利用项目所需的人力、物力、财力和时间等资源，确保项目按计划顺利进行。而企业管理知识体系中的财务管理、供应链管理等内容，则为项目资源的宏观调配提供了更为广阔的视角。两者相结合，有助于企业实现资源的优化配置和高效利用，降低运营成本，提升整体效益。

(三) 团队协作与领导力培养

项目管理强调团队协作和领导力的重要性。项目管理知识体系中的团队建设、沟通管理和冲突解决等知识点，为项目团队提供了构建高效协作环境、提升团队凝聚力的方法论。同时，企业管理知识体系中的组织行为学、领导力发展等内容，则更侧重于培养企业层面的领导力，促进跨部门、跨职能团队的沟通与协作。这种从项目到企业的全方位领导力培养，有助于构建更加和谐、高效的企业生态系统。

(四) 风险管理与持续改进

风险管理和持续改进是项目管理与企业管理共同关注的重要议题。项目管理知识体系中的风险管理框架，帮助项目团队识别、评估、应对和监控项目风险，确保项目目标的顺利达成。而企业管理知识体系中的质量管理、持续改进机制等内容，则为企业提供了系统性的风险管理和绩效提升路径。两者相结合，能够形成一套全面的风险管理和持续改进体系，推动企业不断适应市场变化，保持竞争优势。

项目管理和企业管理的知识体系在多个方面存在交叉性。通过将两者进行有机融合，企业可以实现战略目标的高效实施，提升执行效率和创新能力，降低经营风险。然而，这种融合实践也面临着一些挑战，需要企业建立统一的管理体系，培养专业的项目管理人才，加强沟通与协作。只有在这些方面下功夫，企业管理与项目管理的融合实践才能取得更好的效果，为企业的可持续发展提供有力支撑。

第三节　企业项目管理团队的建设

一、企业项目管理团队建设的深刻含义

在快速变化的商业环境中，企业的项目管理直接关系到企业的战略实施与市场竞争力。而项目管理团队作为项目执行的核心力量，其建设质量直接影响到项目的进度、成本、质量及最终成果。因此，深入理解并有效构建企业项目管理团队，对于企业的长远发展具有重要意义。

（一）从企业项目管理角度理解团队含义

1. 团队：超越个体的力量汇聚

任何项目的推进，都是项目参与者共同努力的结果。然而，这些参与者并非简单相加，而是以团队的形式存在，展现出远超个体之和的效能。团队不仅仅是人的集合，更是技能的互补、思维的碰撞、情感的共鸣的集合体。它要求成员之间建立起深厚的信任与默契，共同为实现项目目标而努力。

2. 团队的独特性

与一般的群体相比，团队具有显著的特征：目标性、合作性、组织性和凝聚性。团队成员明确共同的目标，并围绕这一目标展开协作；他们相互支持，共同承担责任；在组织结构上，团队内部有着清晰的分工与协作机制；同时，强烈的归属感与团队精神使得团队成员能够紧密团结，形成强大的凝聚力。

3. 项目管理团队：为项目而生

项目管理团队是专为特定项目而组建的，其成员来自不同领域，拥有不同的专业技能和经验。他们围绕项目的整体目标，通过高效的沟通与协

作，确保项目按计划、高质量地推进。项目管理团队不仅是项目的执行者，更是项目的协调者、监督者和改进者。

(二) 结合企业项目管理把握团队建设含义

1. 明确团队定位与职责

在企业项目管理中，团队建设首先要明确团队的定位与职责。团队应清晰了解自己在项目中的角色、目标以及需要达成的成果。同时，团队成员应明确各自的职责范围，确保工作不重叠、不遗漏，形成高效的工作流程。

2. 强化团队协作与沟通

团队协作是项目管理团队成功的关键。团队成员需要学会倾听、理解和尊重他人的意见，积极分享自己的知识和经验。有效的沟通机制能够确保信息的及时传递与反馈，减少误解和冲突，提升团队的整体效能。

3. 注重团队能力建设与培养

项目管理团队能力的高低直接关系到项目的成败。企业应注重团队成员的专业技能培训和综合素质提升，确保团队成员具备完成项目所需的知识和能力。同时，团队建设活动能够增强团队成员之间的信任与默契，提升团队的凝聚力和战斗力。

4. 灵活应对项目变化与挑战

项目管理过程中充满了不确定性和挑战。项目管理团队需要具备高度的灵活性和应变能力，及时调整项目计划和策略，以应对外部环境的变化和内部问题的出现。团队成员应保持积极乐观的态度，勇于面对困难与挑战，共同寻找解决方案。

5. 持续优化与改进

项目管理团队建设是一个持续优化的过程。企业应定期对团队的工作进行评估与反思，总结经验教训，发现存在的问题和不足。企业应通过持续改进和优化团队结构、工作流程和沟通机制等，不断提升团队的整体效能和竞争力。

总之，企业项目管理团队建设是确保项目成功的重要保障。明确团队定位与职责、强化团队协作与沟通、注重团队能力建设与培养、灵活应对项目变化与挑战以及持续优化与改进等措施，可以构建出高效、协作、富有战斗力的项目管理团队，为企业的长远发展奠定坚实基础。

二、企业项目管理团队建设的特性

在快速变化的商业环境中，企业项目管理团队作为推动创新、实现战略目标的核心力量，其构建与管理方式直接影响着项目的成功。一个高效的项目管理团队，不仅需具备深厚的专业技能，还需展现出独特的组织特性以应对复杂多变的挑战。以下是对企业项目管理团队建设五大特点的深入剖析。

(一) 临时性、一次性：灵活应变，聚焦当下

项目团队的首要特征在于其临时性和一次性。这意味着团队是为了完成特定项目而组建，随着项目的启动而形成，随着项目的结束而解散。这种特性赋予了团队高度的灵活性和适应性，能够迅速响应市场变化或企业战略调整。团队成员能够全身心投入当前项目中，集中精力解决关键问题，避免了长期组织中的官僚主义和效率低下问题，确保资源得到最有效利用。

(二) 任务性、目标性：明确导向，驱动前行

项目团队的核心在于其明确的任务性和目标性。每个成员都清楚地知道自己所处的位置、承担的责任以及团队的整体目标。这种清晰的导向机制激励着团队成员朝着共同的目标努力，形成强大的内驱力。通过设定SMART (具体、可测量、可达成、相关性、时限性) 目标，团队能够持续追踪进度，及时调整策略，确保项目按时按质完成。

(三) 适应性、灵活性：快速调整，适应变化

项目执行过程中，团队往往会遇到各种不可预见的挑战和变化。因此，项目团队需要具备高度的适应性和灵活性，能够迅速适应环境变化，调整策略和资源分配。这要求团队成员具备开放的心态、良好的沟通能力和协作精神，能够在保持团队凝聚力的同时，灵活应对各种挑战，确保项目顺利进行。

(四) 扁平化、平面化: 缩短决策链, 提升效率

与传统层级分明的组织结构不同, 项目团队更倾向于扁平化、平面化的管理模式。这种结构减少了管理层级, 缩短了决策链条, 使得信息能够更快速、更准确地传递。团队成员之间直接沟通, 减少了中间环节的干扰和延误, 提高了决策效率和执行力。同时, 扁平化结构也培养了团队成员的主动性和创新精神, 促进了团队内部的知识共享和学习。

(五) 多元化、跨学科: 集思广益, 协同创新

在当今这个跨界融合的时代, 项目团队往往需要面对复杂多变的问题和挑战。因此, 多元化、跨学科的团队构成显得尤为重要。团队成员拥有不同的专业背景、文化背景和思维方式, 能够带来多样化的视角和解决方案, 促进团队内部的思维创新和协同合作。通过跨领域的知识交流和碰撞, 团队能够更全面地分析问题, 提出更具创意和可行性的解决方案, 从而推动项目的成功实施。

三、企业项目管理团队的建设过程

企业项目管理团队作为推动项目成功实施的核心力量, 其建设过程不仅关乎项目本身, 更直接影响到企业的战略执行力和市场竞争力。一个高效的项目管理团队, 是团队协作、团队管理和团队领导三方面紧密融合、相互促进的结果。笔者将从这三个维度探讨企业项目管理团队的建设过程。

(一) 团队协作: 凝聚力量的基石

1. 明确目标与角色定位

项目启动之初, 团队首要任务是明确项目目标、范围、时间表和预算, 确保每位团队成员对项目有清晰的认识。同时, 合理划分团队成员的职责与角色, 确保"人岗相适", 避免职能重叠或责任空白。明确的角色定位有助于成员间建立相互信任和依赖。

2. 强化沟通机制

有效的沟通是团队协作的润滑剂。要建立多渠道、高频次的沟通平台,

如定期会议、即时通信工具、项目管理软件等，确保信息流通无阻。营造开放、真诚的沟通氛围，使成员敢于表达意见和反馈，进而及时解决问题和冲突。

3. 培养团队精神

团队建设活动、共享成功案例、庆祝项目里程碑等方式，能够增强团队成员间的情感联系和归属感。团队精神能够激发成员的积极性和创造力，促进相互支持和协作，形成强大的团队合力。

(二) 团队管理：规范流程的保障

1. 制定并执行项目管理规范

项目管理规范是团队高效运作的基石。它包括项目计划的制订、进度控制、风险管理、质量管理等方面的流程和标准。制度化管理能够确保项目按照既定的轨道推进，减少人为因素的干扰。

2. 持续优化流程与工具

随着项目的推进，团队应不断总结经验教训，对项目管理流程进行持续优化。同时，应积极引入先进的项目管理工具和技术，如敏捷开发、Dev-Ops 等，提升团队的工作效率和管理水平。

3. 绩效评估与激励机制

建立公平、透明的绩效评估体系，对团队成员的工作成果进行客观评价。企业根据评估结果，给予合理的奖励和实施激励措施，如奖金、晋升机会、培训资源等，激发团队成员的积极性和创造力。

(三) 团队领导：引领方向的灯塔

1. 确立愿景与战略方向

团队领导的首要任务是确立清晰的项目愿景和战略方向，为团队提供明确的目标指引。同时，根据外部环境的变化和内部资源的调整，应灵活调整战略部署，确保项目始终沿着正确的轨道前进。

2. 激励与赋能

优秀的团队领导懂得如何激励和赋能团队成员。设定具有挑战性的目标、提供必要的支持和资源、鼓励创新思维和自主学习等方式，能够激发团队成员的潜能和动力。同时，要关注团队成员的成长和发展需求，为他们提供广阔的职业发展空间。

3.建立良好的决策机制

在面对复杂多变的项目环境时，团队领导需要建立高效的决策机制。通过集思广益、充分讨论、快速决策等方式，确保团队在面对困难和挑战时团队领导能够迅速做出反应并采取有效措施。同时，要勇于承担责任和风险，为团队成员树立榜样和信心。

四、企业项目管理团队建设的五大核心原则

企业项目管理团队作为推动项目成功实施的关键力量，其建设与管理显得尤为重要。一个高效、协同的项目管理团队不仅能够加速项目进程，还能确保项目质量，最大化项目效益。以下是企业项目管理团队建设的五大核心原则，旨在指导团队构建与运作，以实现项目目标的顺利达成。

(一) 科学有效的管理原则

科学有效的管理原则是项目管理团队建设的基石。面对不同复杂程度的项目，团队规模、管理宽度及授权程度需得到灵活调整。对于简单项目，企业可组建小规模、扁平化管理模式的团队，加快决策速度；而对于复杂项目，企业则需组建大型团队，明确层级结构，适度分权以增强团队灵活性和响应能力。企业通过精准匹配项目需求与团队管理架构，确保资源的高效利用，问题得到及时解决。

(二) 效益和效率原则

效益与效率是项目管理追求的双重目标。效益强调"做正确的事"，即项目成果需符合既定目标，创造实际价值。这要求项目团队在项目初期明确目标，持续跟踪并调整策略，确保项目方向正确。而效率则体现在"正确地做事"，强调单位时间内资源的最大化利用和团队成员的高效工作。优化流程、提升技能、采用先进工具，能够减少浪费，提高整体执行效率。

（三）权责相称原则

权责相称原则是保证项目管理团队有序运行的关键。每位团队成员都应被赋予与其职责相匹配的权利，同时承担相应的责任。这种明确的权责界定有助于激发成员的积极性和责任感，促进决策的快速执行和问题的有效解决。建立完善的问责机制，能够确保权利不被滥用，责任得到落实，从而增强团队的凝聚力和执行力。

（四）人力资源合理配置原则

人力资源是企业最宝贵的资源之一。企业在项目团队建设中，必须遵循人力资源合理配置原则，即根据团队成员的专长、能力和经验，合理分配工作任务，实现"人尽其才，物尽其用"。这不仅要求团队领导具备慧眼识才的能力，还需建立有效的培训和发展机制，不断提升团队成员的综合素质，以适应项目发展的需求。同时，保持团队的灵活性，适时调整和改造团队结构，以适应外部环境的变化。

（五）简单层级管理原则

简单层级管理原则强调项目团队成员应尽量建立"一元化"的直接上级领导关系，减少管理层级，避免多头指挥造成的混乱和效率低下。这种直接而清晰的汇报路径有助于信息的快速传递和决策的高效执行。同时，它也有助于增强团队成员的归属感和责任感，减少推诿扯皮现象的发生。在复杂项目中，团队虽可适当增加管理层级以细化分工，但仍需保持管理链条的简洁明了，确保团队整体的高效运作。

上述原则相互关联、相互促进，共同构成了项目管理团队高效运作的基石。通过不断实践和完善这些原则，企业可以构建出更加高效、协同的项目管理团队，为企业的持续发展和成功奠定坚实的基础。

五、企业项目管理团队建设体系

在快速变化的市场环境中，企业项目管理团队的建设已成为推动企业发展的重要驱动力。一个高效、协作的项目管理团队不仅能确保项目按时、按质、按量完成，还能提升企业的整体竞争力和可持续发展能力。笔者将从团队建设规划、组织结构体系、资源配置、绩效体系以及培训发展体系五个方面，全面探讨企业项目管理团队的建设体系。

（一）企业项目管理团队建设的规划

1. 明确团队目标

企业项目管理团队建设的首要任务是明确团队目标。这些目标应具体、可衡量、具有挑战性和灵活性，以确保团队成员能够清晰地理解自己的工作方向和责任。在规划阶段，团队需结合企业战略目标和项目具体需求，通过头脑风暴和团队讨论，形成一致认可的目标体系。

2. 确立团队愿景和使命

除了具体目标外，还需确立团队的愿景和使命。愿景是团队长远发展的方向，而使命则是团队存在的根本意义。明确的愿景和使命能够激发团队成员的归属感和责任感，增强团队的凝聚力和向心力。

（二）企业项目管理团队建设的组织结构体系

1. 选择合适的组织结构

企业项目管理团队的组织结构体系应根据项目规模、复杂程度和团队特点来选择。常见的组织结构包括职能型、项目型和矩阵型。矩阵型组织结构因其灵活性和高效性，被广泛应用于复杂多变的项目环境中。在这种结构中，团队成员既保留在各自的职能部门，又能根据项目需求参与多个项目，从而实现资源的最大化利用。

2. 明确角色与职责

在组织结构确定后，需明确团队成员的角色与职责。项目经理作为团队的核心，负责项目的整体规划、执行和控制；职能经理则负责团队成员的专业发展和技能提升。同时，每个团队成员都应清楚自己的工作职责和预期成果，以确保项目的顺利进行。

(三) 企业项目管理团队建设的资源配置

1. 人力资源配置

人力资源是项目管理中最重要的资源之一。在资源配置阶段，需根据项目需求和团队成员的专业背景，进行合理的人力分配。同时，要关注团队成员的成长和发展，提供必要的培训和学习机会，以提升团队的整体能力。

2. 物质与财务资源

物质资源包括项目执行过程中所需的各种设备、工具、材料等，而财务资源则用于项目成本的估算和资金的调配。在资源配置时，需根据项目预算和需求，合理规划物质和财务资源的投入，确保项目的顺利进行。

3. 信息资源

信息资源是项目管理过程中的核心。团队应建立完善的信息管理系统，包括项目文档、报告、数据等，以便于团队成员之间的信息共享和沟通。同时，要利用先进的项目管理软件和工具，提高信息处理的效率和准确性。

(四) 企业项目管理团队建设的绩效体系

1. 设定绩效指标

绩效体系是评估团队成员工作表现的重要依据。在设定绩效指标时，团队应采用KPI (关键绩效指标) 方法，确保指标具体、可衡量、与项目目标紧密相关。同时，要充分考虑团队成员的个体差异和岗位特点，制定个性化的绩效指标。

2. 实施绩效考核

应定期进行绩效考核，以确保团队成员能够及时了解自己的工作表现并做出调整。在考核过程中，要注重客观性和公正性，避免主观臆断和偏见。同时，要将考核结果及时反馈给团队成员，并为其提供必要的支持和帮助。

3. 激励与奖励

根据绩效考核结果，企业对表现优秀的团队成员进行表彰和奖励，以激发其工作积极性和创造力。同时，企业要建立合理的晋升机制，为优秀员工提供更多的发展空间和机会。

(五) 企业项目管理团队建设的培训发展体系

1. 制订培训计划

企业应根据团队成员的技能水平和项目需求，制订针对性的培训计划。培训计划应包括内部培训、外部培训、在线培训等多种形式，以提高团队成员的专业技能和项目管理能力。

2. 实施培训活动

按照培训计划，企业定期组织培训活动。培训内容应涵盖项目管理知识、专业技能、团队协作等多个方面。同时，企业要注重培训的互动性和实践性，确保培训效果的最大化。

3. 评估培训效果

在培训结束后，企业要对培训效果进行评估。评估指标可以包括团队成员的满意度、技能提升程度、工作表现等。根据评估结果，企业对培训计划进行调整和优化，以确保培训的持续性和有效性。

六、企业项目管理团队建设运行机制

企业项目管理团队作为推动项目成功、实现战略目标的核心力量，其建设与运行机制显得尤为重要。一个高效的项目管理团队不仅能够高效执行项目计划，还能在复杂多变的环境中灵活应对，持续创新。笔者将从引导机制、约束激励机制、竞争机制、合作交流机制、群体决策机制与持续改进机制五个方面，探讨如何构建并优化企业项目管理团队的运行机制。

(一) 引导机制：明确愿景，塑造文化

引导机制是项目管理团队建设的基石，它通过明确团队愿景、使命和价值观，为团队成员提供方向指引。企业应设定清晰的项目目标和团队愿景，让每位成员都能理解并认同这些目标的价值。同时，企业要塑造积极向上的团队文化，强调团队合作、创新精神和责任感，为团队成员营造一个鼓励探索、勇于担当的工作氛围。定期的团队会议、培训活动和文化建设活动，能够不断强化和引导团队成员向共同目标迈进。

(二)约束激励机制：平衡规范与激励

约束激励机制是确保团队高效运作的关键。一方面，企业要建立科学合理的规章制度和项目管理流程，明确团队成员的职责、权限和考核标准，确保项目执行过程中的规范性和透明度。另一方面，企业要实施有效的激励机制，包括物质奖励(如绩效奖金、项目奖金)和精神激励(如表彰、晋升机会)，以激发团队成员的积极性和创造力。平衡约束与激励，既保证了项目管理的规范性，又激发了团队的内在动力。

(三)竞争机制：激发潜能，促进成长

竞争机制是激发团队成员潜能、促进个人成长的有效手段。在项目管理团队中，企业可以设立合理的竞争机制，如项目竞赛、技能比拼等，鼓励团队成员之间展开良性竞争。通过竞争，企业不仅可以发现并培养优秀的人才，还能激发团队成员的学习热情和创新能力。同时，企业应注重竞争与合作的平衡，避免过度竞争导致的团队分裂和负面情绪。

(四)合作交流机制：强化沟通，共享资源

合作交流机制是提升团队凝聚力和协作效率的重要保障。企业应建立畅通的沟通渠道，包括定期会议、即时通信工具、项目管理软件等，确保团队成员之间的信息畅通无阻。同时，企业应鼓励团队成员之间进行知识分享和经验交流，以促进资源的优化配置和高效利用。加强合作与交流，可以打破部门壁垒，形成跨部门协作的合力，共同推动项目的顺利实施。

(五)群体决策机制与持续改进机制：集思广益，不断优化

群体决策机制能够汇聚团队智慧，提高决策的科学性和可行性。在项目管理过程中，企业应充分尊重每位团队成员的意见和建议，通过集体讨论、投票表决等方式，形成共识性决策。同时，企业应建立持续改进机制，对项目管理过程进行定期回顾和评估，及时发现并纠正存在的问题和不足。通过不断学习和创新，优化项目管理流程和方法，企业能够提升团队的整体绩效和竞争力。

第五章　企业文化管理探究

第一节　企业文化与企业文化管理概述

一、企业文化概述

企业文化，作为现代企业管理的核心要素之一，自其诞生以来便对企业的发展产生了深远的影响。

(一) 企业文化的起源

企业文化的起源可以追溯到企业创立之初，它是随着企业的成长而逐渐形成的。企业文化的形成与企业的内外部环境密切相关，外部生态主要由经济、技术、人文环境等构成，而内部环境则主要包括企业员工的不同文化背景和共同理念。

首先，企业文化的形成与企业创始人的创业意识、经营思想、管理风格以及个人品质等有着直接的关系。企业创始人作为企业的精神领袖，其文化印迹深深地烙印在企业文化的基因之中。例如，一些文化个性突出的企业，其企业文化的独特性和鲜明性正是源于创始人的独特魅力和深刻影响。

其次，企业文化的形成也离不开企业员工的共同理解和参与。员工们在企业的发展过程中，通过共同的忧患意识、目标追求和行为方式，逐渐形成了共同的价值观念和行为准则，这些正是企业文化的重要组成部分。

最后，企业文化的形成还与企业制度创新和管理思潮的变化密切相关。每当一种新的企业制度或管理思潮出现，都会对企业文化的形成产生重大影响，推动企业文化不断发展和完善。

(二) 企业文化的概念

企业文化是指企业在长期的生产经营活动中形成的，并为全体员工所认同和遵循的价值观念、行为准则、经营哲学、道德规范、风俗习惯和企业精神的总和。它是企业的灵魂，反映了企业的精神面貌和员工的共同追求。

企业文化包含了企业的使命、愿景、核心价值观等核心理念，以及在此基础上形成的规章制度、行为规范、工作环境、员工互动方式等。企业文化不仅是企业形象的体现，更是企业凝聚力和竞争力的重要来源。通过构建良好的企业文化，企业可以激发员工的归属感和自豪感，提高员工的积极性和创造力，进而推动企业的持续健康发展。

(三) 企业文化的结构

企业文化的结构可以分为四个层次：物质文化层、行为文化层、制度文化层和精神文化层。这四个层次相互关联、相互作用，共同构成了企业文化的整体框架。

1. 物质文化层

物质文化层是企业文化的最外层，也是最容易被人们感知和识别的层次。它主要包括企业生产的产品和提供的服务、企业创造的生产环境、企业建筑、企业广告、产品包装与设计等。这些物质设施和产品不仅体现了企业的经济实力和技术水平，也反映了企业的审美观念和文化底蕴。

2. 行为文化层

行为文化层是企业文化的第二层，也是企业文化的动态体现。它主要包括企业员工在生产经营、学习娱乐中产生的活动文化，如企业经营、教育宣传、人际关系活动、文娱体育活动中产生的文化现象。这些行为文化现象反映了企业的精神面貌、人际关系和企业价值观。

3. 制度文化层

制度文化层是企业文化的第三层，也是企业文化的重要组成部分。它主要包括企业领导体制、企业组织机构和企业管理制度三个方面。这些制度规范了企业的运作方式和管理模式，为企业文化的贯彻和实施提供了有力的保障。同时，制度文化也是企业精神文化的基础和载体，对精神文化起着反作用。

4. 精神文化层

精神文化层是企业文化的核心层，也是企业文化的灵魂所在。它主要包括企业或组织的最高目标、组织哲学、组织精神、组织风气、组织道德和组织宗旨等内容。这些精神层面的内容构成了企业文化的核心价值体系，为企业的发展提供了强大的精神动力和智力支持。

(四) 企业文化的特征

1. 独特性

每个企业都有其独特的发展历程、使命愿景和核心价值观，这些元素共同构成了企业文化的基石。企业文化的独特性使得企业在市场中能够脱颖而出，形成差异化竞争优势。

2. 共享性

企业文化不是个人或少数人的理念，而是被全体员工广泛接受并共同遵循的价值观念和行为准则。它通过各种渠道和方式在组织内部传播，形成强大的凝聚力和向心力。

3. 稳定性与动态性并存

企业文化一旦形成，便具有一定的稳定性，能够为企业发展提供持久的精神动力。但同时，企业文化也需要随着外部环境的变化和企业自身的发展进行适时调整和优化，保持其活力和适应性。

4. 实践性

企业文化不是空洞的口号或理论，而是深深植根于企业的日常运营和管理之中，体现在员工的言行举止和企业的各项活动中。它通过实践不断得到强化和深化。

5. 激励性

优秀的企业文化能够激发员工的内在动力，促进员工自我价值的实现，从而提升企业整体的创造力和工作效率。

(五) 企业文化的功能

1. 导向功能

企业文化能够为企业和员工提供明确的方向指引，使企业在复杂多变的市场环境中保持清醒的头脑，坚持正确的战略方向。同时，它也能引导员工树立正确的职业观和价值观，将个人目标与企业目标紧密结合。

2. 凝聚功能

共同的企业文化能够增强员工的归属感和认同感，促进员工之间的沟通与协作，形成强大的团队合力。这种凝聚力是企业持续发展和应对挑战的重要力量源泉。

3. 规范功能

企业文化中的行为准则和道德规范对员工的行为具有约束作用，能够引导员工自觉遵守企业规章制度，维护企业形象和利益。同时，它也有助于建立公平、公正、公开的工作环境，提高员工的工作满意度和忠诚度。

4. 激励功能

优秀的企业文化能够激发员工的积极性和创造力，使员工在工作中获得成就感和满足感。通过表彰先进、树立典型等方式，企业文化能够营造出积极向上的工作氛围。

5. 辐射功能

企业文化不仅在企业内部发挥作用，还能够通过产品和服务等渠道向外界传播，形成独特的品牌形象和企业文化影响力。这种辐射作用有助于提升企业的知名度和美誉度，吸引更多的客户和合作伙伴。

二、企业文化管理

(一) 企业文化管理的内涵

企业文化管理是现代企业管理的重要组成部分。它涵盖了对企业内部共同价值观、行为准则和企业形象等多方面的管理。企业文化通常被分为四个结构层，即核心的精神层、中层的制度层、浅层的行为层和表层的物质层。精神层是企业全体员工必须共同信守的、用以指导企业开展生产经营活动的价值观念体系，是企业文化的核心和灵魂，是形成制度层、行为层和物质层的思想基础和原因；制度层是对企业组织行为和员工行为进行指导、约束和规范的行为准则体系，集中体现了精神层对员工行为和企业行为的要求；行为层是指企业员工在生产经营、学习娱乐中产生的活动及行为表现，包括领导者行为、模范人物行为以及员工群体行为；物质层则是企业文化的外在表现形式，例如企业的办公环境、产品包装等。企业文化具有导向、约束、凝聚、激励、调节、辐射的功能，对企业凝聚力、执行力、战斗力、吸引力、公信力等的形成和提高具有重要意义，是推动企业发展的不竭动力。

(二) 不同类型企业的企业文化管理特点

1. 国有企业

(1) 与主流文化紧密相连

我国国有企业的企业文化是社会主导文化的集中体现和重要组成成分，既含有国家的权威性，同时又具有社会主义公有制的特点。例如，改革开放前国有企业有铁人精神等企业精神，这些都是当时社会主导文化在企业中的体现。

(2) 继承与创新并存

国有企业的企业文化更侧重的是与企业思想政治工作相结合，两者相辅相成、相得益彰。企业文化的建立使原有的思想政治工作的模式有了突破，丰富了思想政治工作，为企业发展增强了活力。国有企业在改革过程中，不断在继承传统的基础上进行创新，在从旧的企业制度和思想观念向现代企业制度转变过程中，形成新的企业文化。

(3) 政治性和时代性鲜明

国有企业文化的建设具有强烈的政治性，始终坚持中国共产党的领导，发挥企业党组织的政治核心作用。并且在不同的时代背景下，随着国有企业改革进程的推进，如从放权让利到建立现代企业制度等阶段，企业文化也在不断发展适应社会主义市场经济的具有中国社会主义特色的国有企业文化建设道路。

2. 私营企业

私营企业的企业文化往往具有企业家个人风格鲜明的特点。企业家的价值观、经营理念等对企业文化的塑造有着极大的影响。例如一些家族式的私营企业，家族的文化传统和价值观会渗透到企业管理和运营的各个方面。同时，私营企业在市场竞争中更加注重灵活性和创新性，以适应快速变化的市场环境，其企业文化也会强调创新、高效等价值观来提升企业竞争力。

3. 乡镇企业

乡镇企业的企业文化通常与当地的地域文化结合紧密。一方面，乡镇企业在发展过程中会利用当地的资源和劳动力优势，其企业文化可能包含着当地的民俗文化、地域特色等元素；另一方面，乡镇企业在成长过程中会逐渐形成自己独特的企业价值观，比如勤劳质朴、务实进取等，这些价值观既受当地文化影响，也与乡镇企业自身的发展历程和经营特点有关。

4.外资企业

外资企业往往会将国外的先进管理理念和企业文化与中国本土文化相结合。例如一些西方的外资企业在中国，既保留了如注重效率、强调个人能力等西方企业文化元素，同时也会融入中国文化中的团队合作、和谐人际关系等理念，以更好地适应中国市场，管理中国员工，这种东西合璧的企业文化有助于外资企业在中国的稳定发展。

5.IT 行业企业

IT 行业的企业一般具有创新驱动的企业文化。由于该行业技术更新换代快，企业需要不断创新才能在市场竞争中立足。所以其企业文化通常强调创新、冒险精神，鼓励员工不断探索新技术、开发新产品。同时，IT 行业企业也注重员工的知识水平和技能提升，在企业文化中会体现出对人才的尊重和对知识的重视，例如为员工提供良好的学习和培训机会等。

(三) 企业文化管理的实施

1. 企业文化的规划与塑造
（1）评估与诊断

企业需要组织对企业文化进行评估，编制企业文化评估报告。通过评估了解企业现有的文化状态，发现存在的问题和优势，为企业文化的规划提供依据。

（2）理念的提炼与确定

根据评估结果，制定相应的企业文化建设规划或意见，组织开展必要的企业文化梳理或提炼，明确企业的使命、愿景、核心价值观等基本理念，以及如管理理念、创新理念等经营管理理念。例如华海药业确定了"关爱生命，报效中华"的企业使命，"国内一流、国际知名、极具竞争力的制药企业"的企业愿景以及"品质＋创新"的核心价值观等一系列理念。

（3）制度与行为规范

构建与企业文化理念相一致的制度层文化，包括企业的各项管理体系以及相关规范、规则、习俗、习惯等，对企业组织行为和员工行为进行指导、约束和规范，确保员工的行为符合企业文化的要求。各级职能管理部门要负责职能管理范畴内的相关体系、规范、规则、习俗、习惯的建设和管理等。

2. 企业文化的传播与推广

（1）内部传播

企业要通过多种方式进行对内的企业文化宣传和培育，如组织员工进行企业文化培训，各级部门、车间负责所在团队的活动策划、教育、宣传等工作，相关职能管理部门提供支持等，让员工深入理解和接受企业文化，使企业文化内化于心、外化于行。

（2）外部传播

企业还需要对外展示自己的企业文化，例如通过企业形象识别系统（CIS）的编制、实施与管理，提升企业在外部市场的形象和知名度，向客户、合作伙伴等传递企业的价值观和经营理念。

3. 企业文化的持续改进

（1）定期评估

定期对企业文化进行重新评估，根据企业发展的不同阶段、市场环境的变化等因素，审视企业文化是否仍然适应企业的发展需求。

（2）调整与优化

如果发现企业文化存在不适应的情况，就要对企业文化进行调整和优化，例如对企业文化理念进行更新、完善制度层文化等，使企业文化能够持续推动企业发展。

第二节　企业文化管理优化的评价机制与保障措施

一、企业文化管理优化的评价机制

企业文化管理优化的评价机制是确保企业文化建设有效实施并持续改

进的关键组成部分。这个机制通常涉及对企业文化建设的多个方面进行系统性的评估，以确定其是否符合企业的发展战略，是否能够提升员工满意度，以及是否增强了企业的凝聚力和竞争力。以下是企业文化管理优化机制包含的一些关键要素：

第一，目标一致性。评价机制应首先检查企业文化建设目标是否与企业的长期战略相一致。这包括评估企业文化是否支持企业的业务目标和市场定位。

第二，组织体系。评价应考察企业文化管理的组织结构是否健全，职责是否明确，是否有有效的沟通和协作机制。

第三，措施有效性。具体的文化管理措施，如培训、活动和奖励制度是否被有效实施，并且是否能够激励员工认同和实践企业文化。

第四，员工满意度。通过调查问卷、面谈等方式收集员工对企业文化的态度和满意度，这是衡量企业文化的直接指标。

第五，客户满意度。客户的反馈也可以作为评价企业文化的一个重要方面，因为良好的企业文化往往反映在客户体验和服务质量上。

第六，文化落地情况。评估企业文化是否真正融入企业的日常运营和决策中，是否体现在员工行为和企业决策中。

第七，持续改进。评价机制应鼓励持续改进，定期审查和调整企业文化管理策略，以适应企业内外部环境的变化。

第八，绩效关联。企业文化与企业绩效（如员工留存率、生产效率等）之间的关系也是评价的重要内容，以证明文化管理的有效性。

综上所述，一个全面的企业文化管理优化评价机制应该是一个动态的过程，它不仅关注当前的状态，还强调对未来发展的预测和调整能力。通过这样的机制，企业可以确保其企业文化不仅在理论上成立，而且在实践中产生积极的影响。

二、企业文化管理优化的保障措施

企业文化作为企业的灵魂与核心竞争力的重要组成部分，其管理优化不仅关乎企业的内部凝聚力与向心力，更直接影响到企业的长远发展。为确保企业文化管理的有效实施与持续优化，以下从战略规划、推广实施、落实内化、制度保障及全面融入企业管理四个方面提出具体保障措施。

(一)纳入企业战略规划

企业文化管理优化首先需被明确纳入企业的整体战略规划之中,成为企业战略蓝图不可或缺的一部分。这要求企业高层管理者充分认识到企业文化对于企业发展的重要性,将其视为引领企业方向、激发组织活力、促进可持续发展的关键要素。通过制定详细的企业文化发展规划,明确企业文化建设的目标、路径、时间表及责任主体,确保企业文化建设与企业战略同频共振、相互促进。

(二)三个阶段的推广实施

1.认知认同:系统宣贯与全员参与

(1)系统宣贯

采用多渠道、多形式的宣传手段,如内部培训、文化手册、在线学习平台等,全面系统地介绍企业文化内涵、价值理念及行为准则,确保每位员工都能深刻理解并准确把握。

(2)全员参与

鼓励员工参与企业文化建设的讨论与策划,通过征集意见、举办文化沙龙、开展主题征文等活动,增强员工的归属感和认同感,使企业文化成为全体员工的共同语言。

2.典型示范:领导引领与榜样力量

(1)企业领导以身作则

企业高层应成为企业文化的践行者和传播者,通过自身行为展示企业文化的精髓,树立正面榜样,引领全体员工向企业文化靠拢。

(2)培育先进人物

挖掘并表彰在企业文化实践中表现突出的个人或团队,通过他们的故事和事迹激励全体员工,形成崇尚先进、学习先进的良好氛围。

3.自觉习惯:机制完善与行为引导

(1)完善机制

建立健全企业文化建设的激励机制和约束机制,将企业文化融入绩效考核、晋升选拔等关键环节，引导员工将企业文化内化为自觉行为。

（2）行为引导

企业通过日常管理和工作指导，不断强化员工对企业文化价值理念的实践，使企业文化成为员工工作生活的自然组成部分。

（三）三种形式的落实内化于心与外化于行

1. 内化于心：入脑入心

（1）深度融入

持续的教育培训、文化熏陶和心灵沟通，使企业文化价值理念深入人心，成为员工思想意识的一部分。

（2）情感共鸣

激发员工对企业文化的情感认同，让员工在内心深处产生共鸣，从而更加自觉地践行企业文化。

2. 外化于行：转化为实际操作

（1）明确标准

将企业文化价值理念转化为具体的工作标准、操作流程和行为规范，确保员工在实际工作中能够有据可依、有章可循。

（2）实践检验

鼓励员工在实际工作中积极践行企业文化，通过实践检验和反馈机制，不断优化和完善企业文化体系。

3. 制度保障：制定与完善

（1）制度建设

企业根据企业文化建设的需要，制定和完善相关管理制度，如文化评估制度、文化激励机制等，为企业文化管理提供坚实的制度保障。

（2）执行监督

加强制度执行的监督与检查，确保各项制度得到有效落实，防止制度流于形式。

（四）融入企业管理的方方面面

企业文化管理应全面融入企业管理的各个环节和领域，实现与各项中心工作的无缝对接。在安全生产方面，企业通过强化安全文化建设，增强员工的安全意识和自我保护能力；在经营管理方面，将企业文化融入决策制定、资源配置、市场开拓等关键环节，提升企业的经营管理水平；在动能转换方面，以企业文化为引领，推动企业转型升级和创新发展。全方位、多层次的融合与渗透，使企业文化成为推动企业持续健康发展的强大动力。

第六章　高新技术企业科技发展

第一节　高新技术企业概述

一、高新技术企业的定义

高新技术企业是指那些以科技创新和知识产权为核心，通过持续的研究开发与技术成果转化，形成企业核心自主知识产权，并以此为基础开展经营活动的企业。这类企业通常集中在《国家重点支持的高新技术领域》内，如电子信息、生物医药、航空航天、新材料、新能源、环境、先进制造与自动化等。

二、高新技术企业的分类

(一) 按投资属性分类

1. 内资企业

内资高新技术企业，即完全由国内资本投资设立的企业，它们在政策扶持、市场适应及文化融合方面具有天然优势。这类企业往往更加熟悉本土市场需求，能够迅速响应政策变化，是推动国内科技创新和产业升级的主力军。

2. 外资企业

外资高新技术企业则是由外国投资者在中国境内投资设立的企业，它们带来了先进的技术、管理经验和国际化视野，促进了国内外技术的交流与融合。然而，在享受外资优惠政策的同时，也需遵守中国的外资管理规定。

3. 留学生企业

留学生企业特指由海外留学归国人员创办的高新技术企业，这类企业往往拥有国际视野和先进理念，同时可享受国家和地方提供的创业资助政策，如创业补贴、贷款贴息等，有效降低了创业初期的资金压力。

4.外资控股企业

外资控股高新技术企业指的是外资持股比例超过一定标准（如50%以上）的企业。虽然它们在技术引进和国际化经营方面具有优势，但在某些情况下，可能因外资身份而难以获得某些针对内资企业的创新基金资助，体现了政策导向的差异性。

（二）按组织形式分类

1.公司制企业

公司制高新技术企业是最为常见的组织形式，包括有限责任公司、股份有限公司乃至上市公司。这类企业治理结构完善，产权清晰，便于融资和扩张，是高新技术企业发展的主流方向。

2.其他组织形式企业

除了公司制企业外，还有一些高新技术企业采用有限合伙等其他组织形式。这些企业通常具有更加灵活的经营模式和激励机制，适合初创期或特定领域的高新技术企业。

（三）按生产（服务）特点分类

1.综合企业

综合高新技术企业集技术研发、生产、销售和服务于一体，形成了完整的产业链闭环。这种企业模式有利于实现技术、产品、市场的快速响应和协同优化，提升整体竞争力。

2.生产企业

生产企业是专注于产品开发和生产的高新技术企业，往往在某个或某几个技术领域具有深厚的积累和突破，能够生产出高质量、高性能的产品，满足市场特定需求。

3.服务企业

服务型企业则主要提供创新技术服务，如软件开发、技术咨询、系统集成等。它们以技术为核心，通过提供专业的解决方案和服务，帮助客户提升竞争力和创新能力。

（四）按税务资质分类

1. 增值税小规模纳税人企业

增值税小规模纳税人高新技术企业，通常年销售额较低，按照简化的计税方法进行纳税。这类企业在初创期或小型项目中较为常见，享受较为简便的税务处理流程。

2. 增值税一般纳税人企业

增值税一般纳税人高新技术企业，年销售额达到一定标准，需按照一般计税方法进行纳税。这类企业通常规模较大、业务复杂，但也能享受更多的税收政策优惠和抵扣项，有利于降低税负成本，提高经营效益。

三、高新技术企业的主要特征

（一）科技创新为核心：高新技术企业的灵魂与动力

1. 科技创新的驱动作用

高新技术企业，顾名思义，其核心在于"高新技术"。这里的"高新技术"不仅代表了技术的先进性，更强调了技术的创新性和前沿性。这些企业通过不断进行技术研发，突破现有技术瓶颈，开发出具有自主知识产权的新产品、新工艺或新服务，从而引领行业进步，满足市场需求。科技创新成为这些企业持续发展的灵魂与动力源泉。

2. 技术研发与产品创新的紧密结合

高新技术企业深知，只有不断进行技术研发，才能保持技术的领先地位；而技术研发的最终目的是转化为生产力，即实现产品的创新。因此，这些企业往往将技术研发与产品创新紧密结合，形成了一套从研发到市场反馈，再到新一轮研发的良性循环机制。这种机制不仅加速了技术成果的转化应用，也促进了企业产品的不断升级换代，增强了市场竞争力。

（二）知识密集型：高新技术企业的人才与资源保障

1. 技术人才是核心资源

高新技术企业是典型的知识密集型企业，其核心资源在于拥有大量高素质的技术人才。这些人才不仅具备深厚的专业知识背景，还具备强烈的创新意识和实践能力。他们是企业技术创新的主力军，通过团队协作和智慧碰撞，不断推动企业的技术进步和产品创新。因此，高新技术企业普遍重视人才引进和培养，建立了完善的人才激励机制和职业发展路径。

2. 研发投入是重要支撑

除了技术人才外，高新技术企业还需要大量的研发投入来支持其技术创新活动。这些投入包括科研经费、实验设备、软件工具等。通过持续不断的研发投入，企业能够保持技术研发的活力和深度，确保在激烈的市场竞争中保持领先地位。同时，研发投入也是企业技术积累和创新能力提升的重要保障。

(三) 需求市场化：技术与产品面向市场，精准满足需求

高新技术企业的核心竞争力之一在于其能够紧密贴合市场需求，开发出具有前瞻性和实用性的技术与产品。这一特征体现在从研发到市场投放的每一个环节都深深烙印着"市场需求"的烙印。企业通过深入的市场调研，准确把握消费者痛点与未来趋势，进而确定研发方向。这种以市场需求为导向的研发策略，不仅提高了产品的市场接受度，还加速了科技成果向现实生产力的转化。

具体而言，高新技术企业会运用大数据分析、人工智能等先进技术手段，对市场进行精细化划分，实现个性化定制和精准营销。同时，它们还注重与客户的持续互动，收集反馈意见，不断优化产品与服务，形成良性循环。这种高度市场化的运作模式，使得高新技术企业能够灵活应对市场变化，快速响应消费者需求，从而在激烈的市场竞争中占据有利位置。

(四) 高风险性与高回报性：创新之路的双刃剑

高新技术企业之所以能在市场中脱颖而出，很大程度上得益于其强大的创新能力。然而，这种创新能力背后却隐藏着高风险与高回报并存的特性。一方面，高新技术企业往往涉足前沿科技领域，这些领域的技术难度大、研发投入高、研发周期长，且结果具有不确定性。一旦研发失败，企业将面临巨大的经济损失甚至生存危机。这种高风险性要求企业必须具备敏锐

的市场洞察力、强大的研发实力以及灵活的风险应对机制。

另一方面，高风险往往伴随着高回报。一旦高新技术企业成功攻克技术难关，开发出具有颠覆性的产品或服务，将迅速占领市场，获得巨大的经济收益和品牌影响力。这种高回报不仅体现在财务上的盈利，更在于对企业技术实力的提升、品牌形象的塑造以及行业地位的巩固。因此，对于高新技术企业而言，勇于承担风险、追求创新是其实现跨越式发展的关键。

（五）创新管理与知识产权意识高

高新技术企业深知，在快速变化的市场环境中，传统的管理模式已难以满足其快速响应、灵活调整的需求。因此，它们普遍重视创新管理，积极引入并实践先进的管理理念与方法。这包括但不限于：

1. 扁平化管理

减少管理层级，加快决策速度，增强组织的灵活性和反应能力。

2. 加快开发

在产品研发中采用敏捷迭代模式，快速试错，快速调整，确保产品紧贴市场需求。

3. 知识管理

构建知识共享平台，促进员工间的知识交流，提升团队整体能力。

4. 数字化转型

利用大数据、云计算、人工智能等技术优化业务流程，提升运营效率，实现智能化管理。

高新技术企业深知知识产权是其核心竞争力的重要组成部分，因此，管理者普遍具备高度的知识产权意识。他们不仅注重自主研发过程中的专利申请与保护，还积极通过法律手段维护自身权益，防止技术成果被侵犯。同时，高新技术企业还善于利用知识产权进行战略布局，通过专利合作、许可转让等方式拓展业务范围，提升市场影响力。

（六）无形资产比重大：专利与专有技术的创造价值

在高新技术企业的资产结构中，无形资产占据了举足轻重的地位。这些无形资产主要包括专利、专有技术、软件著作权、品牌商誉等，它们是企业创造价值的主要源泉。

1.专利与专有技术的核心价值

专利和专有技术作为高新技术企业最宝贵的无形资产，直接决定了企业的技术壁垒和市场竞争力。拥有核心专利和专有技术，企业不仅能在市场中占据领先地位，还能通过技术许可、产品销售等方式实现经济效益。此外，专利和专有技术还能为企业带来持续的创新动力，推动企业不断向技术前沿迈进。

2.无形资产驱动企业价值增长

随着知识经济时代的到来，无形资产在企业价值创造中的作用日益凸显。高新技术企业通过不断积累和优化无形资产，构建起独特的竞争优势。这些无形资产不仅能够提升企业的市场竞争力，还能吸引更多的投资者和合作伙伴，为企业带来更多的发展机会和增长空间。

（七）高投入与高成本：创新驱动的基石

高新技术企业的核心在于"创新"，而这一过程的实现离不开巨额的资金投入。首先，人才引进是高新技术企业发展的关键。为了吸引并留住顶尖科研人才，企业需提供具有竞争力的薪酬福利、完善的职业发展路径以及良好的工作环境，这些都需要大量的资金支持。其次，设备购置与维护同样是一笔不小的开销。高新技术研发往往依赖于先进的试验设备、精密的仪器以及高效的计算资源，这些设备的购置成本高昂，且随着技术的更新换代，企业还需不断投入资金进行升级和维护，以确保研发活动的顺利进行。最后，研发过程中的材料费用、测试费用以及知识产权保护等也是不可忽视的成本支出。

（八）高风险性：未知与挑战并存

高新技术企业的研发之路并非坦途，而是充满了未知与挑战。首先，技术风险是首要难题。由于技术前沿的复杂性和不确定性，研发项目可能面临技术瓶颈、试验失败等风险，导致项目延期甚至失败。其次，市场风险同样不容忽视。即使成功突破技术难题，产品的市场接受度也充满变数。消费者需求的变化、竞争对手的策略调整以及政策环境的变化都可能影响产品的市场表现。最后，资金风险也是高新技术企业必须面对的问题。长期的研发投入可能导致企业资金链紧张，一旦资金链断裂，将直接威胁企业的生存。

（九）高回报潜力：创新引领辉煌的未来

尽管面临诸多挑战，但高新技术企业一旦突破重重困难，成功推出具有市场竞争力的产品，其回报潜力将是巨大的。首先，高额利润是显而易见的回报。高新技术产品往往具有独特的技术优势和较高的附加值，能够以较高的价格销售，从而获得丰厚的利润。其次，市场份额的扩大也是重要回报之一。成功的产品能够迅速占领市场，形成品牌效应，为企业带来持续稳定的收入来源。最后，高新技术企业的成功还能带来社会影响力的提升，增强企业的品牌形象和知名度，为企业的长远发展奠定坚实基础。

四、高新技术企业的申报

（一）申报高新技术企业的条件

1. 企业成立时间
企业申请认定时必须注册成立一年以上。
2. 核心自主知识产权
要有核心自主知识产权，包括发明专利、实用新型、软件著作权等。
3. 技术领域要求
对企业主要产品（服务）发挥核心支持作用的技术属于《国家重点支持的高新技术领域》规定的范围。国家重点支持的高新技术领域主要包括：电子信息、生物与新医药、航空航天、新材料、高技术服务、新能源与节能、资源与环境、先进制造与自动化。不符合的领域为：烟草制造业、住宿和餐饮业、批发和零售业、房地产业、租赁和商务服务业、娱乐业、财政部和国家税务总局规定的其他行业。
4. 科技人员比例
企业从事研发和相关技术创新活动的科技人员占企业当年职工总数的比例不低于10%。

5. 研发费用比例

企业近三个会计年度的研究开发费用总额占同期销售收入总额的比例符合要求（最近一年5000万销售收入以下的，比例不低于5%，5000万~2亿的，比例不低于4%，2亿以上的，比例不低于3%），需出具专项审计报告。

6. 高新技术产品（服务）收入比例

近一年高新技术产品（服务）收入占企业同期收入的比例不低于60%。

7. 企业创新能力评价

企业创新能力评价应达到相应要求（知识产权30分，科技成果转化30分，研发组织管理20分，财务增长性20分，总分≥71分即可认定通过）。

8. 安全、质量与环境要求

企业申请前一年内未发生重大安全、重大质量事故和严重环境违法行为。

（二）申报时间及流程

1. 申报时间

以某省为例，2023年开始分三批申报，申报时间节点按照省市通知要求及时挂网公布。

2. 申报流程

企业登录"科学技术部政务服务平台"（简称"国网"）进行相关操作，申报企业须于全省申报截止时间10日后，登录A省（此处以A省为例）"高新技术产业综合业务管理系统"（简称"省网"）。

3. 有效期

国家高新技术企业称号有效期是3年（含申报当年），3年以后需重新认定，认定程序、要求和首次申报一样。

五、高新技术企业的优惠政策

（一）财政奖补

以H县为例，对通过认定的高新技术企业，在现有奖励的基础上，县财政再给予 20 万元奖励。对辅导企业成功认定为高新技术企业的科技中介服务机构，每成功申报一家高新技术企业，给予 1 万元奖励。对列入 A 省高新技术培育企业，在现有奖励基础上，给予 2 万元一次性奖励。有效期内整体迁入该县并完成迁移备案手续的高新技术企业，一次性补助 30 万元。

（二）税收优惠政策

高新技术企业按 15% 的税率征收企业所得税（正常企业为 25%），亏损结转弥补年限由 5 年延长至 10 年，研发经费享受加计扣除。

六、高新技术企业认定流程详解

高新技术企业认定是一个重要的过程，它涉及一系列的步骤和条件。以下是根据最新的搜索结果整理的高新技术企业认定的详细流程：

（一）企业自我评价

企业在申请高新技术企业认定之前，应认真阅读相关文件和认定标准，客观进行自我评价。只有认为符合认定条件的企业，才能在"高新技术企业认定管理工作网"上进行企业注册登记。

（二）网上注册登记

企业登录"高新技术企业认定管理工作网"，填写注册登记表，并将填好的注册登记表发至认定机构。认定机构完成企业身份确认后，将用户名和密码通过网络告知企业。

（三）提交认定申请

企业根据自己的用户名和密码进入网上认定管理系统，填写《高新技术企业认定申请书》并发至认定机构，同时，将规定的申请材料提交至认定机构。

（四）认定机构组织认定

认定机构收到企业完整的申请材料后，组织专家审查，提出认定意见，确定认定企业名单。

(五) 公示和颁发认定证书

经认定的高新技术企业,在"高新技术企业认定管理工作网"上被公示10个工作日。公示有异议的,由认定机构对有关问题进行核实处理,对属实的,应取消其高新技术企业资格;公示无异议的,报领导小组办公室备案,在"高新技术企业认定管理工作网"上公告认定结果,并由认定机构颁发高新技术企业证书(加盖科技、财政、税务部门公章)。

(六) 年度发展情况报表

企业获得高新技术企业资格后,应每年5月底前在"高新技术企业认定管理工作网"填报上一年度知识产权、科技人员、研发费用、经营收入等年度发展情况报表。

需要注意的是,整个过程中,企业需要准备大量的材料,并且要确保这些材料的真实性和完整性。此外,不同地区可能会有一些具体的差异,因此,企业在申请时应该详细了解当地的政策和要求。

七、高新技术企业的作用

(一) 对经济发展的推动作用

1. 带动产业升级:高新技术企业引领高质量发展之路

高新技术企业以其产品和技术的高科技含量,成为产业升级的重要推手。这些企业往往致力于研发前沿技术,不断突破技术瓶颈,创造出具有高附加值的产品和服务。以电子信息产业为例,高新技术企业通过不断研发新型芯片技术,不仅提升了自身产品的竞争力,更直接带动了半导体材料、电子设备制造等上下游产业的技术进步与产业升级。这种技术溢出效应,促使整个产业链向更加高端化、智能化方向发展,形成了良性循环,推动了整个行业的技术革新和效率提升。

2. 提供新的经济增长动力:高新技术企业激发经济新活力

在经济增长动力转换的关键时期,高新技术企业的快速崛起为经济注入了强劲的新活力。互联网企业的兴起，就是这一趋势的鲜明例证。它们依托大数据、云计算、人工智能等先进技术，创造了全新的商业模式和经济增长点，如电商平台颠覆了传统零售业、在线教育打破了地域限制、数字娱乐丰富了人们的文化生活。这些新兴产业的快速发展，不仅直接促进了经济总量的增长，更重要的是，它们优化了经济结构，提升了经济增长的质量和效益，为经济的可持续发展奠定了坚实基础。

3. 创新驱动发展，引领未来趋势

高新技术企业之所以能够成为经济发展的强劲引擎，根本原因在于其强大的创新能力。它们通过不断加大研发投入，培育核心竞争力，不断推出具有自主知识产权的新产品、新技术，从而在激烈的市场竞争中占据有利地位。这种创新能力的提升，不仅增强了企业的市场竞争力，更为整个国家经济的转型升级提供了重要支撑。展望未来，随着科技革命的深入发展，高新技术企业将继续发挥引领作用，推动全球经济向更加智能化、绿色化、服务化的方向迈进。

（二）对国家整体科技水平的提升作用

1. 推动科技进步：高新技术企业的先锋角色

高新技术企业以其敏锐的市场洞察力、强大的研发实力和不懈的创新精神，成为科技创新浪潮中的领航者。它们聚焦于解决行业痛点、突破技术瓶颈，持续在技术研发和创新领域加大投入，不断攀登科技高峰。以生物科技企业为例，这些企业深耕基因编辑、生物医药等前沿领域，通过跨学科合作与深度研发，不仅加速了新科学知识的发现，还推动了新技术方法的诞生。这些成果不仅丰富了人类对生命科学的理解，更为疾病治疗、健康管理等领域带来了革命性的变化，显著提升了国家在生物科技领域的科技水平，为构建全球科技竞争新优势奠定了坚实基础。

2. 促进科技成果转化：从实验室到市场的桥梁

高新技术企业不仅是科技创新的源泉，更是科技成果转化的重要推手。它们深知，只有将科技成果转化为实际的产品或服务，才能真正实现其经济价值和社会价值。因此，这些企业致力于构建高效的研发体系和市场转化机制，通过产学研深度融合、技术创新与商业模式创新并举，加速科技成果从实验室走向市场。这一过程，不仅实现了科技成果的商业化应用，促进了产业升级和经济结构优化，还激发了全社会对科技创新的热情和投入，形成了良性循环。更重要的是，高效的科技成果转化机制，使得国家能够更快地享受到科技进步带来的红利，提高了国家整体的科技成果转化效率和创新能力，为经济高质量发展注入了强劲动力。

(三) 对产业结构的优化作用

1. 引导产业向高技术方向发展

高新技术企业的发展，如同一股强劲的东风，吹动着传统产业的转型升级之路。这些企业以知识密集和技术密集为核心特征，通过不断研发新技术、新产品，不仅提升了自身的核心竞争力，也潜移默化地影响着整个产业链的升级。

(1) 技术创新的引领者

高新技术企业是技术创新的主体，它们投入大量资源进行研发活动，不断突破技术瓶颈，创造出具有自主知识产权的核心技术。这些技术成果的应用，能够显著提升产品的附加值，推动产业链向高端化、智能化发展。

(2) 产业升级的催化剂

高新技术企业的快速发展，促使上下游企业为了保持市场竞争力，不得不加大研发投入，提升技术水平。这种"倒逼"机制，加速了整个产业链的技术迭代和产业升级，使得整个行业向高技术、高附加值方向迈进。

(3) 知识经济的推动者

高新技术企业的发展，还促进了知识经济的兴起。它们通过知识产权的积累与运用，构建了以知识为核心竞争力的产业生态，推动了社会经济的全面转型，使产业结构更加适应知识经济时代的需求。

2. 壮大新兴产业

高新技术企业不仅是传统产业升级的催化剂，更是新兴产业发展的生力军。在新一轮科技革命和产业变革中，高新技术企业凭借其在技术、人才、市场等方面的优势，成为推动新兴产业崛起的重要力量。

(1) 新兴产业的孵化器

高新技术企业通过自主研发或二次创新，不断开拓新的技术领域和产业领域，孕育出一批批具有广阔市场前景的新兴产业。这些新兴产业往往代表着未来产业发展的方向，是推动经济高质量发展的新引擎。

（2）创新生态的构建者

高新技术企业在发展壮大的过程中，会吸引大量的人才、资金、信息等创新要素向其集聚，形成良好的创新生态。这种创新生态不仅能够促进高新技术企业的快速成长，还能够为新兴产业的发展提供强有力的支撑和保障。

（3）国际市场的开拓者

高新技术企业具有强大的国际竞争力，它们能够突破地域限制，在全球范围内拓展市场。这种全球化的发展策略，不仅提升了企业的品牌影响力，也为新兴产业的国际化发展开辟了道路。通过参与国际竞争与合作，高新技术企业能够推动新兴产业在全球范围内实现快速发展和崛起。

（四）对企业自身发展的积极作用

1. 享受优惠政策和资金扶持：企业发展的加速器

高新技术企业凭借其强大的研发能力和技术创新能力，往往能够享受到国家及地方政府的一系列优惠政策。这些政策包括但不限于税收减免、研发费用加计扣除、高新技术企业认定奖励、创新基金支持等，直接降低了企业的运营成本，增加了研发投入的可持续性。同时，政府还通过设立专项基金、提供低息贷款、风险投资引导等多种方式，为高新技术企业提供资金扶持，有效缓解了企业在快速发展过程中面临的资金压力，加速了科技成果的转化与应用，为企业的快速成长插上了翅膀。

2. 吸引政府和社会资源：构建发展生态的磁石

高新技术企业的快速发展，不仅吸引了政府的关注与支持，还成为吸引社会资源的重要磁石。一方面，政府为了促进产业升级和经济发展，会主动为高新技术企业搭建平台，促进产学研合作，引入高端人才和先进技术，优化营商环境。另一方面，社会资本也敏锐地捕捉到高新技术企业的高成长性和高回报潜力，纷纷通过股权投资、风险投资、并购重组等方式参与其中，为企业提供了更加多元化的融资渠道和更广阔的发展空间。这种政府与社会资源的双重加持，为高新技术企业的持续发展构建了良好的生态体系。

3. 提升企业品牌形象和市场价值：创新驱动的璀璨光环

高新技术企业通过持续的技术创新和产品迭代，不仅满足了市场对高品质、高性能产品的需求，更在消费者心中树立了技术领先、品质卓越的品牌形象。这种品牌形象的提升，不仅增强了企业的市场竞争力，还为企业带来了更高的市场认可度和品牌忠诚度。同时，高新技术企业的创新成果和专利积累，也为企业带来了显著的知识产权价值，进一步提升了企业的市场估值和融资能力。在资本市场中，高新技术企业往往能够获得更高的估值溢价，为股东创造更大的价值回报。

（五）对就业的促进作用

直接创造就业岗位：高新技术企业的发展需要各类人才，包括研发人员、技术工程师、生产工人、市场销售人员等，从而创造了大量的就业岗位。例如，一家规模较大的软件开发高新技术企业，需要招聘众多的程序员、软件测试人员、项目经理等，为就业市场提供了大量的就业机会。

间接带动就业：高新技术企业的产业链较长，除了带动自身企业的就业岗位，还能带动上下游相关企业的发展，从而创造更多的间接就业机会。例如，新能源高新技术企业的发展会带动电池原材料供应商、电池回收企业、新能源汽车零部件制造企业等相关企业的发展，这些企业的发展也会吸纳大量的劳动力，促进就业增长。

第二节　高新技术企业资质实现企业高质量发展的路径

国家高新技术企业是经科技部、财政部和税务总局三部委联合认定通过，并且持续进行研究开发和技术成果转化的科技型企业。随着中国式现代化的稳步推进，经济发展进入提速换挡的新阶段，高新技术企业在增强技术创新能力、推动社会经济增长、促进新兴产业发展等方面的作用日益凸显，受到各级政府部门的高度重视。各级政府也在积极引导高新技术企业群体提升其数量和质量，制定并出台专项培育和支持高新技术企业发展的政策，以更好地促进地区经济发展。

在这样的大环境下，企业应当充分利用好高新技术企业政策，为未来发展争取资金及各类资源支持，这将有助于企业在行业内领先一步，为企业做大做强奠定基础。

一、高新技术企业资质的重要性

高新技术企业认证的目的是选拔出优秀企业。它通过专项政策引导企业制订长期研发计划、持续投入研发经费并提升研发管理水平，激发企业发展内生动力；通过引导企业创造和运用核心自主知识产权，增强应用与转化，提升企业自我造血能力；通过实施产品收入、先进设备引进税收优惠等政策，引导科技型企业快速成长为扩张发展期企业，充裕其资金流，帮助其突破增长制约。

二、高新技术企业资质给企业带来的实质性支持

(一) 企业收入及所得税优惠，支撑企业发展壮大

1. 企业所得税按 15% 的税率缴纳

按照《中华人民共和国企业所得税法》(以下简称"企业所得税法")，高新技术企业自获得认定后可以按 15% 的税率缴纳企业所得税。与未获得认定时的 25% 税率相比，可节约纳税成本约 40%。

2. 境外收入的税率优惠

按照国家规定的高新技术企业境外所得适用税率及税收抵免政策，企业在认证时提供了包含境外全部生产经营活动指标并获得认证后，境外所得可按 15% 的税率享受优惠。境外分公司的所有相关指标应计算在内，而境外子公司则需将取得的股息、红利所得计入企业总收入。

3. 境内、境外收入抵减

按照企业所得税法，高新技术企业在计算企业所得税应缴纳的额度时，该企业所属境外营业机构的亏损额，无法抵减该企业境内营业机构的盈利，但高新技术企业境外营业盈利可以弥补境内营业的亏损。如境外盈利分别来自多个国家，可优先用所得税率较低国家的所得来弥补境内亏损计算时，弥补顺序企业可自行选择，以综合降低税费。

（二）企业技术研发费用及所得税优惠，提升企业科研实力

1. 研发费用加计扣除

根据企业所得税法以及研发费税前加计扣除等有关政策，高新技术企业因从事研发活动，产生实际研发费用的，如果该项费用没有最终形成无形资产，就需要将该笔费用计入当期损益，该笔费用除了可以据实扣除营业利润外，还可以按照实际发生额的 100% 在税前加计扣除。如果该项费用最终形成了无形资产，则可以按照其所形成无形资产成本的 200% 在税前摊销。

2. 委托境外研发费用加计扣除

按照研发费税前加计扣除等政策规定，高新技术企业委托境外机构或单位从事研发活动所产生的费用，可以将实际额度的 80% 计入委托方的委托境外研发费。该企业产生的委托境外研发费也可以进行加计扣除，前提是该项费用不超过境内符合条件的研发费用的三分之二，超过三分之二，只能按照三分之二进行所得税税前加计扣除。

3. 技术转让减免税

按照企业所得税法，一年内企业技术转让所得不足 500 万元的，不缴纳企业所得税；超过 500 万的部分，减半征收。

（三）企业亏损减免年限延长至 10 年，减轻企业税负

按照国家关于延长高新技术企业亏损结转年限的政策，允许高新技术企业将认定前 5 年的亏损结转至以后年度弥补，最长可以结转 10 年。如高新技术企业认证 3 年期满后重新认证未获通过，也不影响之前年度应享受的亏损减免优惠；如在第 5 年再次获得高新技术企业认证，那么前五年的亏损可按 10 年期进行亏损结转，否则将按 5 年期进行亏损结转。

（四）个人所得税分期缴纳，有利吸纳人才

1. 科研人员股权奖励的个人所得税优惠

按照《国家税务总局关于股权奖励和转增股本个人所得税征管问题的公告》(以下简称"个人所得税征管公告")，高新技术企业向科技成果转化相关科研人员发放股权奖励，其个人一次性纳税存在困难时可选择在 5 年内分期

缴纳。

2. 个人股东转增股本奖励的个人所得税优惠

按照个人所得税征管公告，个人股东获得高新技术企业转增的股本，且该股本是以未分配利润、资本公积、盈余公积等形式发放的，该名个人可以选择在 5 年内分期缴纳，前提是一次性缴纳存在困难。

（五）固定资产加速折旧，进口设备免征部分税

按照国家关于设备器具扣除企业所得税的政策，高新技术企业采购研发生产用的各项设备，单价不超过 500 万元的设备在扣除应纳税所得额时，允许一次性计入当期成本，不需要再分年计算折旧。

按照国家重大技术装备进口税收的政策，企业生产的技术装备或者产品是为了支持国家发展，其生产过程中必须进口的原材料、关键零部件，可以免征关税和进口增值税。

（六）职工教育经费支出扣除，鼓励提升从业人员素质

按照企业所得税法实施条例规定，在计算企业所得税应纳税所得额时，允许企业将不超过工资薪金总额 8% 的职工教育经费支出扣除。超出部分，可以选择在后续纳税年度陆续结转扣除。

三、合理利用高新技术企业优惠政策，夯实企业高质量发展基石

以上都是企业获得高新技术企业认证后可带来的实质性优惠。上至国家下至地方，从减免纳税额到资金补助，从研发加计扣除到技术转让奖励，从职工教育到设备折旧补贴，优惠政策涵盖了方方面面。除此之外，通过高新技术企业认证也是企业实力的象征，在申报各类重大项目、申请 IPO、招投标以及吸引金融投资等过程中起到重要作用。

作为已经获得高新技术企业认证的企业，如何利用好相关政策优惠，增强企业自身实力，实现企业高质量发展就显得尤为重要。

(一) 确保符合认定申请条件，确保连续享受优惠政策

1. 保证重新认定通过率 100%

高新技术企业认定有效期为 3 年，只有提交重新认定资料并获批后，才能继续享受相关高企优惠政策。通过对 2012 年 1 月至 2021 年 12 月在上交所和深交所上市公司公告的统计数据进行对比，可以看出 10 年里在上交所上市公司中 8 家高新技术企业重新认定未获通过，深交所上市公司中 22 家高新技术企业重新认定未获通过。在补缴税款方面也是从几十万到八千万不等。可以看出，上交所上市公司重新认定未获通过的比例较低，与上交所主要为大中型企业，管理完善、研发等各方面发展均衡有较大的关系，相对应的大中型企业一旦重新认定不成功，补缴税额也较多。深交所则主要为创投型企业和中小企业，公司运行管理能力尚需提升，研发等各方面力量均有待加强，未通过重新认定后补缴税费相对大中型企业较少，但对于正在上升期的中小型企业仍有不小的影响。

2. 保证一直符合高新技术企业申请条件

已认定通过的高新技术企业，仍然要随时准备接受主管部门的随机抽查和重点检查，企业对存在的问题要限期改正。逾期不改或复核后仍不符合认定条件的，取消高新技术企业资格。

(二) 加大研发投入，提升企业内生动力

政府工作报告提出，延续执行研发费用加计扣除并增大扣除比率。企业要利用好税收优惠机制，将节约的真金白银投入研发创新，提升资金周转速度，加速新产品开发进程，加快企业转型升级。

(三) 高端设备引进，助力企业快速发展

高新技术企业购置用于研发、生产的设备、器具，可以享受所得税税前一次性扣除以及 100% 研发费用加计扣除。从产业升级换代角度，智能制造、数字化水平的提升、新设备引入能够有效提升产品生产效率、提高质量，从而增强产品竞争力，为企业产业转型升级，向智能化、数字化方向逐步迈进奠定良好基础。

(四) 产业类型与纳税筹划相匹配

关注国家财税法规、产业相关税收法条及所在地区的税收政策，分析企业享受该政策已具备的条件和尚未具备的条件，对于尚未具备的条件，企业是否可以通过自身的业务调整以及组织结构调整实现满足。例如，将集团公司的某项业务交给某地子公司承担，有效降低企业集团的所得税的同时，利于产业培育和壮大。

(五) 为新设公司助力起步，协同发展

大型集团式企业具有较强产业孵化能力，如何助力孵化出的子企业起步、协同发展，高企政策学习和规划就显得格外重要。

以 B 省政策为例，B 省对在省内新设立的企业子公司，直接纳入高企培育库，在资金、服务等方面给予大力支持。按照财税最新政策，政府免征集团企业内单位 (含企业集团) 之间无偿借贷资金的增值税。

从国家对企业扶持的角度，取得高新技术企业资质仍然是企业获得优惠政策需要满足的最基础的条件。企业应当重视高新技术企业认定工作，建立高企资质管理团队，关注企业发展现状、战略以及税务风险防控，以实现企业的高质量发展。

第七章　科技创新平台

第一节　科技创新平台驱动经济高质量发展

一、经济高质量发展概述

(一) 高质量发展的内涵

高质量发展内涵涵盖三个关键维度：

首先，它体现在增长的稳健性上。在追求经济高质量发展的同时，保持速度和规模的优势仍然至关重要。这意味着我们必须确保经济增速的稳定，避免剧烈的波动。

其次，高质量发展彰显在发展的均衡性上。在这个过程中，虽然经济发展的速度仍然重要，但更加强调的是在更广泛领域的协调发展。具体来说，国民经济的重大比例关系需要合理，实体经济、科技创新、现代金融和人力资源需要协同发展，共同构建一个现代化的产业体系。

最后，实现创新驱动是高质量发展的核心要求之一。其目标是提高供给体系的质量，关键在于创新驱动。因此，必须坚持创新驱动，着力解决突出的瓶颈和深层次问题，发挥企业的创新主体作用和市场的导向作用，加快建立技术创新体系。同时，推动制造业加速向数字化、网络化、智能化发展，培育壮大新兴产业，改造提升传统产业，提升产业链和价值链的整体质量。

(二) 经济高质量发展的维度

经济高质量发展是中国经济发展的一个重要阶段，它强调的是从高速增长转向更注重质量和效益的发展模式。这一转变不仅涉及经济增长的速度，还包括了增长的质量、结构、可持续性和和谐性等多个方面。以下是根据搜索结果对经济高质量发展的几个关键特质的详细解释。

1. 高效率增长

经济高质量发展首先体现在高效率增长上。这意味着在经济增长过程中，要追求以较少的投入获得最大的收益，而不是仅仅关注增长速度。技术创新和制度创新是实现高效率增长的关键因素。技术创新能够最大化各种要素的投入效果，而制度创新则可以有效调动各种要素的积极性，实现以较少的消耗获得更大的利益。

2. 有效供给性增长

经济增长的有效性也是高质量发展的核心。这意味着要减少无效供给，增加有效供给，以满足市场需求。过去一段时间内，中国的一些产业出现了产能过剩和库存积压的问题，这表明经济增长中存在无效供给。因此，中央提出了供给侧结构性改革的战略对策，旨在快速应对过剩产能和库存积压问题，为有效供给性增长打下基础。

3. 中高端结构增长

高质量发展的另一个重要方面是产业结构的优化升级。这意味着要从传统的中低端产业结构转向中高端产业结构。中高端产业结构主要包括战略性新兴产业、服务业和现代制造业等。这些产业将成为未来中国经济的支柱型产业，有助于提升整体经济的质量和竞争力。

4. 绿色增长

环境保护和资源节约也是高质量发展的重要组成部分。经济增长不应以牺牲环境为代价，而应追求绿色增长。这要求我们在工业化和城市化进程中，对废水、废气和固体垃圾进行有效处理，并依赖技术进步来实现节能环保的目标。

5. 可持续增长

经济高质量发展强调可持续增长。这意味着要在经济增长战略上避免盲目扩张和粗放式增长，防止因过度加杠杆而导致的金融风险。只有遵守客观规律，坚持科学发展观，才能实现经济的平稳和可持续发展。

经济高质量发展是一个系统工程，涉及技术创新、制度创新、供给侧结构性改革、产业结构优化、环境保护和可持续发展等多个方面。这一发展模式不仅有助于提升中国经济的整体质量和效益，也为实现全面建设社会主义现代化国家的长远目标奠定了坚实的基础。

二、科技创新平台驱动经济高质量发展的机理

在当今全球经济发展的背景下，科技创新已成为推动经济高质量发展的核心动力。科技创新平台，作为科技创新的重要载体和加速器，在提升企业生产效率、促进产业结构升级、引领行业发展趋势以及推动绿色创新等方面发挥着不可替代的作用。

(一) 提高企业生产效率，拓宽经济活动边界

科技创新平台通过汇聚技术、资本、人才等关键要素，促进了新技术的研发与应用，从而显著提高了企业的生产效率。生产效率是企业可持续发展的关键指标，它反映了企业生产要素的投入产出比。科技创新平台通过创造新的生产流程、模式和改变资源利用方式，实现了全要素生产率和整体效率的提升。

此外，科技创新平台还孕育了新兴技术范式和新型商业模式，这些新兴技术和模式能够显著作用于企业价值活动的边界。新兴技术范式初期，企业往往通过并购同类企业、横向合作等形式，拓展横向价值活动边界，抢占技术范式转移的先机。而在技术范式完善期，企业则趋向于纵向合作，细化分工，延伸纵向价值活动边界。

(二) 促进产业结构升级，推动绿色创新

科技创新平台在促进产业结构升级方面发挥着重要作用。产业结构升级优化的内涵是实现产业结构的高度化和合理化。高度化是指通过科技创新、知识资本和机制体制的"赋能"，使产业链资源呈现有价值性、稀缺性、难以替代性和难以模仿性，从而持续产生高附加值。合理化则是指寻找产业资源配置的最优点，使效率和效益达到最优。

科技创新平台通过推动关键技术的突破和应用，加速了传统产业向智能化、网络化、服务化升级的步伐。例如，工业互联网的应用使得制造业企业能够实现生产过程的实时监控、精准预测和智能决策，显著提升了生产效率和产品质量。同时，绿色技术创新作为科技创新的重要组成部分，通过优

化制造工艺、生产技术和产品，减少了对环境的破坏，推动了绿色经济的发展。海尔空调通过"高效能生态"的升级转型，不仅提升了产品能效，还引领了整个行业的绿色转型。

(三) 引领行业发展趋势, 满足人民对美好生活的追求

科技创新平台具有强大的市场洞察力和技术预见能力，能够引领行业发展趋势，满足人民对美好生活的追求。随着科技的不断发展，新的商业模式、消费模式和服务模式不断涌现，这些创新不仅提升了生产效率和服务质量，还为人们带来了更加便捷、舒适和个性化的生活体验。

例如，共享经济、平台经济等新业态的兴起，不仅释放了消费潜力，还拓展了就业创业空间。科技创新平台通过构建开放、协同、共享的创新生态系统，促进了知识流动、技术转移和人才培养，为行业的持续发展提供了源源不断的动力。同时，这些创新还推动了社会进步和文明发展，提升了人民的幸福感和获得感。

(四) 提升国家在全球价值链中的地位

科技创新平台通过推动技术创新和产业升级，提升了国家在全球价值链中的地位。在科技全球化的今天，各国之间的竞争日益激烈，科技创新成为提升国家竞争力的重要手段。科技创新平台通过汇聚全球创新资源，加强国际合作与交流，推动了跨国技术转移和产业升级。

中国作为全球科技创新的重要力量，在科技创新平台的建设和发展方面取得了显著成效。以华为、阿里巴巴等为代表的企业，通过构建全球性的创新网络和研发体系，不断推出具有自主知识产权的核心技术和产品，提升了中国在全球价值链中的地位和影响力。同时，这些企业还通过"走出去"战略，积极拓展海外市场，提升了中国品牌的国际竞争力和影响力。

(五) 产生积极的社会效应

科技创新平台在推动经济高质量发展的同时，还产生了积极的社会效应。首先，科技创新平台通过推动技术创新和产业升级，提高了社会整体的生产效率和经济效益，促进了社会财富的增长和分配。其次，科技创新平台

通过推动绿色创新和可持续发展，减少了对环境的破坏和污染，促进了人与自然的和谐共生。最后，科技创新平台还通过加强国际合作与交流，推动了全球创新网络的形成和发展，促进了全球经济的繁荣和稳定。

总之，科技创新平台作为推动经济高质量发展的重要力量，通过提高企业生产效率、促进产业结构升级、引领行业发展趋势、提升国家在全球价值链中的地位以及产生积极的社会效应等多方面的作用机理，为经济的持续发展注入了强大动力。未来，随着科技的不断进步和创新平台的不断完善，科技创新将在推动经济高质量发展中发挥更加重要的作用。

三、科技创新平台驱动经济高质量发展的政策优化

科技创新平台在驱动经济高质量发展中扮演着至关重要的角色。以下是根据搜索结果得出的一些政策优化建议：

(一) 加强平台建设

1. 培育建设重大科学装置与国家创新基地：奠定创新基石

（1）加大投入，布局前沿

政府应加大对重大科学装置和国家创新基地的投资力度，聚焦国家战略需求和科技发展前沿，布局一批具有国际影响力的科研设施。这些设施不仅是科研活动的"重器"，更是吸引全球顶尖科学家和科研团队的重要磁石，能够显著提升我国在全球科技竞争中的地位。

（2）开放共享，促进合作

推动重大科学装置和国家创新基地的开放共享，建立高效的合作机制，鼓励跨学科、跨领域、跨地区的科研合作。共享科研资源和成果，以此促进知识流动与技术转移，加速科技成果向现实生产力转化，为经济高质量发展注入强劲动力。

2. 重组优化省级创新平台：激发区域创新活力

（1）精准定位，差异化发展

针对当前省级创新平台存在的同质化竞争问题，应实施差异化发展战略。根据各地区的资源禀赋、产业基础和发展需求，精准定位创新平台的功能和研究方向，形成各具特色、优势互补的创新生态。

（2）资源整合，提升效能

加强政策引导和建立市场机制，推动省级创新平台的资源整合与重组。优化资源配置，避免重复建设和资源浪费，提升创新平台的整体效能。同时，加强产学研用深度融合，促进科技成果快速转化应用，提升区域经济的创新能力和竞争力。

3. 推进高新技术产业开发区高质量发展：打造创新高地

（1）产业升级，创新驱动

高新技术产业开发区应坚持创新驱动发展战略，加快传统产业转型升级，培育战略性新兴产业。坚持技术创新和模式创新，推动产业链、价值链向高端攀升，形成具有核心竞争力的产业集群。

（2）完善生态系统，优化环境

构建良好的创新创业生态系统，是高新技术产业开发区高质量发展的关键。应进一步完善基础设施和服务体系，提供全方位、多层次的支持和服务。同时，优化营商环境，降低创新创业成本，吸引更多优秀人才和企业入驻，形成创新要素集聚的良性循环。

（二）完善投入机制

1. 建立稳定增长的财政科技投入机制

（1）明确财政科技投入增长目标

政府应制定明确的财政科技投入增长目标，并将其纳入国家中长期发展规划中，确保科技投入与经济增长同步或适度超前；通过立法或政策文件形式固化财政科技投入的增长比例，为科技创新提供稳定的资金来源。

（2）优化财政科技投入结构

在增加总量的同时，还需优化财政科技投入的结构，重点支持基础研究、关键核心技术攻关、科技成果转化及创新人才培养等关键环节。加大对中小企业和初创企业的财政扶持力度，降低其创新风险，激发市场活力。

（3）完善绩效评价体系

建立健全财政科技投入绩效评价体系，对资金使用情况进行跟踪评估，确保资金使用的透明度和效率。利用绩效评价结果调整资金分配，形成"以评促投，以投促效"的良性循环。

2. 激励创新主体加大研发投入

（1）实施税收优惠政策

对高新技术企业、研发机构及个人给予税收减免、加计扣除等优惠政策，降低其创新成本，提高其研发投入的积极性。特别是针对研发周期长、风险高的项目，应加大税收支持力度。

（2）强化金融支持

鼓励金融机构创新金融产品，为科技创新提供多元化融资渠道。如设立科技银行、风险投资基金、科技保险等，满足不同阶段创新主体的资金需求。同时，完善多层次资本市场体系，支持符合条件的创新型企业上市融资。

（3）推动产学研深度融合

建立健全产学研合作机制，促进高校、科研机构与企业之间的深度合作。共建研发平台、联合攻关项目、共享科研成果等，以实现创新资源的优化配置和高效利用，提升整体创新能力。

3. 激励创新主体积极申报国家科研项目

（1）简化项目申报流程

优化科研项目申报流程，减少不必要的审批环节和重复提交材料，提高申报效率。利用大数据、云计算等现代信息技术手段，实现项目申报、评审、管理等全过程的信息化、智能化。

（2）加大项目支持力度

对于具有重大战略意义、市场前景广阔、技术突破难度大的科研项目，应给予更多的经费支持和政策倾斜。同时，建立健全项目成果评价机制，对取得重大突破的项目给予奖励和表彰。

（3）强化项目监管与服务

加强科研项目实施过程的监管和指导，确保项目按计划推进并取得预期成果。同时，为项目承担单位提供全方位的服务和支持，包括技术咨询、人才培养、国际合作等，助力其提升创新能力和市场竞争力。

(三) 优化成果转化机制

1. 支持发展新型研发机构

新型研发机构作为科技创新体系的重要组成部分，以其灵活高效的运行机制和产学研深度融合的特点，成为促进科技成果转化的重要力量。政府应加大对新型研发机构的支持力度，包括但不限于提供财政资助、税收优惠、用地保障等优惠政策，鼓励其围绕产业链部署创新链，围绕创新链布局资金链，形成协同创新网络。同时，引导新型研发机构聚焦行业共性关键技术难题，开展前瞻性、引领性技术研发，加速科技成果从"书架"到"货架"的转化过程。

2. 鼓励成果转化服务平台建设

构建完善的科技成果转化服务体系，是打通科技成果转移转化"最后一公里"的关键。政府应鼓励和支持建设一批专业化、市场化、国际化的科技成果转化服务平台，提供技术评估、交易撮合、融资支持、法律咨询等一站式服务。利用平台整合技术、资本、市场等资源，降低科技成果转化的门槛和成本，提高转化效率。此外，还应加强平台间的互联互通，形成覆盖全国的科技成果转化服务网络，促进科技成果在全国范围内的高效流动和配置。

3. 开展科研人员职务科技成果所有权或长期使用权改革试点

科研人员是科技成果创造和转化的主体，其积极性和创造性直接关系到科技成果转化的效率和效果。因此，深化科研人员职务科技成果权属制度改革，赋予科研人员更多的自主权，是激发科技成果转化活力的关键举措。政府应积极开展科研人员职务科技成果所有权或长期使用权改革试点，明确科研人员对职务科技成果的权益分配，允许其以科技成果作价入股等方式参与企业经营，分享转化收益。这不仅能够有效激发科研人员的创新热情和转化动力，还能促进科技成果与市场需求的有效对接，加速科技成果向现实生产力的转化。

(四) 完善科研管理和评价机制

1. 改革科研项目形成机制，增强创新导向

传统的科研项目申报往往存在"重申请轻执行"的现象，导致资源分配

不均，创新效率不高。因此，需改革科研项目形成机制，强化目标导向和市场需求导向，鼓励跨学科、跨领域的协同创新。建立更加灵活多样的项目申报渠道，如设立"揭榜挂帅"制度，面向全社会征集解决方案，让真正有能力、有意愿的团队脱颖而出。同时，加强对项目成果的跟踪评估，确保科研资金的有效利用和科研成果的实际转化。

2. 优化政府采购机制，促进科技成果快速转化

政府采购是连接科技创新与市场需求的重要桥梁。应进一步优化政府采购机制，加大对创新产品和服务的采购力度，特别是在信息技术、生物医药、新材料等关键领域。采用首购、订购等非招标采购方式，降低创新产品进入市场的门槛，激发企业的创新动力。同时，建立健全政府采购支持创新的政策体系，为科技成果的快速转化提供有力保障。

3. 实行科研经费"包干制"，简化管理流程

科研经费报销难一直是困扰科研人员的一大问题。为解决这一问题，应积极探索并推广科研经费"包干制"改革，赋予科研人员更大的经费使用自主权。在确保合规使用科研经费的前提下，简化审批流程，减少不必要的行政干预，让科研人员能够心无旁骛地投入科研工作中去。同时，加强科研经费使用的监督与审计，确保资金使用的安全与有效。

4. 放宽高校院所用人自主权，激发创新活力

高校和科研院所是科技创新的重要阵地。为激发其创新活力，应进一步放宽用人自主权，允许高校和科研院所根据实际需要自主招聘、评价和激励人才。建立更加灵活多样的薪酬制度和激励机制，吸引和留住优秀科研人才。同时，鼓励高校和科研院所与企业、研究机构等开展深度合作，促进产学研用深度融合，加速科技成果的转化和应用。

5. 完善科技评价制度，构建科学评价体系

科技评价是科研管理的重要环节。应完善科技评价制度，构建以创新和实际贡献为导向的科学评价体系。减少对论文数量、影响因子等单一指标的过度依赖，注重评价科研成果的原创性、实用性和社会价值。同时，加强对科研诚信的监管和惩戒力度，营造风清气正的科研环境。建立和实施科学评价体系，引导科研人员树立正确的科研价值观和创新导向。

（五）强化人才培育

1. 探索"联合培养"人才机制

为解决人才培养与市场需求脱节的问题，应积极探索"联合培养"模式。加强高校、科研机构与企业之间的深度合作，建立产学研用紧密结合的人才培养体系。这种模式不仅能让学生在理论学习之余获得实践机会，提升解决实际问题的能力，还能帮助企业提前锁定并培养符合自身需求的专业人才，实现人才与产业的精准对接。

2. 鼓励青年人才主持承担省级科技计划项目

青年人才是科技创新的生力军，应给予他们更多展示才华的机会。实施设立专项基金、降低申请门槛、优化评审流程等措施，鼓励青年科技人才独立或合作主持承担省级乃至更高层级的科技计划项目。这不仅能激发青年人才的创新活力，还能在实践中锻炼他们的项目管理能力，有助于青年人才成长为行业领军人物。

3. 完善津贴制度与国有企业科研人才激励机制

为吸引并留住高层次科研人才，特别是博士后等优秀青年学者，应建立健全进站博士后津贴制度，确保他们在科研初期能够安心投入研究。同时，针对国有企业科研人才，应完善激励机制，如设立专项奖励基金、实施股权激励计划等，以激发其创新积极性和工作热情。此外，对国有企业重点科研团队的工资总额实行单列管理，避免传统薪酬体系对科研创新的束缚，确保科研投入与产出成正比。

4. 优化政策环境，促进人才自由流动与资源共享

除了上述具体措施外，还需进一步优化政策环境，打破地域、单位壁垒，促进科技人才自由流动与资源共享。建设统一的科技人才信息服务平台，实现人才信息的互联互通；建立灵活的人才使用机制，鼓励科研人员在多个单位或项目间兼职兼薪；加强国际交流与合作，吸引海外人才来华工作。

(六) 加大对高新技术企业支持力度

1. 实施"高新技术企业倍增计划"

"高新技术企业倍增计划"旨在通过一系列精准有效的政策措施,实现高新技术企业数量的快速增长与质量的显著提升。该计划应包括以下核心要素:

(1) 税收优惠与财政补贴

加大对高新技术企业的税收减免力度,降低其运营成本;同时,设立专项财政补贴,用于支持企业的研发投入、人才引进和技术改造等关键环节。

(2) 融资支持

拓宽高新技术企业的融资渠道,如设立风险投资引导基金、推动知识产权质押融资、鼓励上市融资等,降低企业融资门槛和成本,保障其资金需求。

(3) 市场准入与采购倾斜

政府采购、重大工程项目招投标中,应对高新技术企业给予优先支持,拓展其市场空间,促进其快速成长。

2. 建立高新技术企业培育库

建立高新技术企业培育库,是构建梯度培育体系、促进科技型企业梯队成长的重要举措。具体措施包括:

(1) 筛选入库

依托大数据、云计算等技术手段,建立科学合理的评价体系,筛选出一批具有发展潜力、创新能力强的科技型中小企业,纳入高新技术企业培育库。

(2) 精准培育

根据入库企业的实际情况和发展需求,提供个性化、精准化的培育服务,包括技术咨询、管理培训、市场开拓等,帮助企业解决成长过程中遇到的各种问题。

(3) 动态管理

定期对入库企业进行跟踪评估,及时调整培育策略,对发展迅速、达到高新技术企业认定标准的企业,及时予以认定并使其享受相应政策优惠。

3.推动科技型中小企业加速成长

科技型中小企业是高新技术企业的重要后备力量，其快速成长对于形成持续创新生态至关重要。为此，需采取以下措施：

(1)创新创业孵化

加强创新创业孵化平台建设，为科技型中小企业提供低成本、便利化的办公空间、创业辅导、融资对接等服务，降低其创业风险和成本。

(2)产学研合作

鼓励科技型中小企业与高校、科研院所建立紧密的产学研合作关系，共同开展技术研发、人才培养等活动，加速科技成果向现实生产力转化。

(3)国际化拓展

支持科技型中小企业参与国际竞争与合作，通过参加国际展会、设立海外研发中心等方式，拓展国际市场，提升国际竞争力。

第二节　科技创新平台促进科技成果转化应用

科技创新平台在促进科技成果转化应用方面扮演着至关重要的角色。以下是几个关键点，展示了科技创新平台如何有效推动科技成果转化：

一、搭建创新平台

(一)科技创新平台的重要性

科技成果的有效转化，不仅关乎科研成果的价值实现，更是促进产业升级、提升国家竞争力的关键所在。搭建科技创新平台，作为连接科研与市场的桥梁，其重要性逐渐凸显。

科技创新平台是指集聚创新资源、提供研发服务、促进技术转移与成果转化的综合性服务平台。它能够有效打破信息不对称、资源分散等障碍，为科研机构、企业、投资者等各方搭建起高效协同的合作网络。通过整合资源、优化配置、提供专业服务，科技创新平台能够显著降低科技成果转化过程中的交易成本，加速科技成果从实验室走向市场的步伐。

(二)搭建创新平台的关键要素

1. 资源整合能力

整合政府、高校、科研机构、企业等多方资源，形成优势互补、资源共享的创新生态。

2. 专业服务支持

提供技术评估、知识产权保护、融资对接、市场推广等一站式服务，解决科技成果转化过程中的痛点与难点。

3. 开放合作机制

建立灵活开放的合作机制，鼓励跨界融合，促进产学研用深度融合，激发创新活力。

4. 信息化建设

利用大数据、云计算等现代信息技术，构建科技成果信息库和交易网络，提高信息流通效率。

(三)促进科技成果转化的路径

1. 明确转化方向与目标

科技创新平台需深入调研市场需求，结合科研成果特点，明确转化方向，制定科学合理的转化策略。

2. 精准对接供需双方

利用平台的信息优势，精准匹配科技成果与产业需求，促进科研机构与企业之间的深度合作。

3. 强化中试熟化环节

加强科技成果的中试熟化基地建设，为科技成果提供从实验室到生产线的过渡环境，降低转化风险。

4. 优化融资环境

搭建多元化融资渠道，引导社会资本投入科技成果转化项目，为科技创新提供充足的资金支持。

5. 推动政策落实

积极争取并落实国家及地方关于科技创新和成果转化的优惠政策，降低转化成本，提高转化效率。

6.加强人才培养与引进

构建完善的人才培养和引进体系，为科技成果转化提供高素质的专业人才保障。

例如，海南省支持企业设立研发机构，依托重点园区建设共性技术服务平台和科技成果转化平台，推动技术创新和成果转化。

绵阳高新区也通过建设创新平台，如中国（绵阳）科技城先进技术研究院、光子技术研究院等，发挥连接院所和产业的桥梁作用，推动科技成果转化。

二、提供转化支持与服务

（一）科技创新平台：科技成果转化的桥梁

科技创新平台作为连接科研机构、企业、投资者及市场需求的桥梁，其核心功能在于促进科技成果的有效转化。这些平台不仅提供了线上交易平台，使科技成果的买家与卖家能够跨越地域限制，实现即时沟通与交易，还通过一系列创新服务，为科技成果的顺利转化保驾护航。

（二）线上交易平台：打破转化壁垒

线上交易平台的建立，极大地简化了科技成果转化的流程，降低了交易成本。买卖双方可以在平台上发布供需信息，通过智能匹配系统快速找到合适的合作对象。平台采用先进的加密技术和安全支付系统，确保交易过程的安全可靠，有效保护了交易双方的权益。此外，平台还提供了交易评价系统，增强了交易的透明度和信任度，为科技成果的转化营造了良好的市场环境。

（三）科技咨询服务：精准对接市场需求

科技成果的成功转化离不开对市场需求和技术趋势的准确把握。因此，科技创新平台特别设立了科技咨询服务板块，涵盖知识产权咨询、创新创业咨询、技术评估等多个方面。知识产权咨询帮助科技成果的拥有者明确产权归属，规避法律风险；创新创业咨询则根据市场需求，为创业者提供项目策划、商业模式设计等全方位指导；技术评估则通过专业团队对科技成果进行客观评价，为买卖双方提供决策依据，确保科技成果的转化价值最大化。

(四) 提升转化效率与质量

科技创新平台的综合服务，使科技成果的转化效率和质量得到了显著提升。一方面，平台通过线上交易和咨询服务，加速了科技成果从实验室到市场的流动速度，缩短了转化周期；另一方面，平台的专业服务团队和严格的质量控制机制，确保了科技成果的转化质量，提高了市场接受度和竞争力。

三、促进多方合作与人才培养

(一) 构建多方合作网络，拓宽科技成果转化渠道

科技创新平台的首要任务在于构建一个开放、包容、协同的合作网络，吸引并整合科技成果的转移者 (科研机构、高校等)、买家 (企业、投资机构)、卖家 (技术持有者)、开发者、供应商及合作伙伴等多方力量。这一网络的形成，不仅打破了传统科技成果转化的信息壁垒，还实现了资源的高效对接与优化配置。

1. 建立合作机制

平台通过定期举办科技成果交流会、项目对接会等活动，为各方提供面对面交流的机会，促进合作意向的达成。同时，利用线上合作平台的大数据、云计算等技术手段，实现科技成果信息的精准匹配与推送。

2. 优化合作模式

鼓励产学研深度融合，支持科研机构与企业建立联合实验室、研发中心等，共同承担科研项目，加速科技成果从实验室走向市场。此外，科技成果的许可、转让、作价入股等多种转化形式，同样能提高转化效率。

(二) 强化人才培养，提升转化效率与质量

人才是科技创新的第一资源，也是科技成果转化的关键。应高度重视

人才培养工作，提供专业培训、实践机会及政策扶持等措施，打造一支高素质、专业化的科技成果转化人才队伍。

1. 开展专业培训

针对科技成果转化的不同阶段，设计系统性、针对性的培训课程，如技术评估、市场分析、商务谈判、法律法规等，提升转移者的专业素养和综合能力。

2. 搭建实践平台

鼓励并支持科研人员、技术开发者参与企业技术创新项目，通过"干中学"的方式积累实战经验。同时，建立科技成果转化孵化基地，为初创企业提供资金、场地、导师等资源支持。

3. 提供服务保障

除了直接的培训与支持外，还应积极筹建人才公寓解决住房问题，发放人才卡使其享受医疗、教育等优惠政策，为人才提供全方位、全周期的服务保障。

四、资金支持与政策激励

(一) 资金支持：科技创新平台的"输血"功能

1. 初创资金与天使投资

科技创新平台通过设立初创资金和天使投资基金，为处于种子期、起步期的科创企业提供关键的资金支持。这类资金不仅缓解了初创企业的资金压力，还为其后续的研发投入和科技成果转化提供了重要保障。例如，合肥市设立的总规模5亿元的种子基金，专注于支持"原始创新、源头创新、集成创新"，通过评审机制为符合条件的项目提供资金支持，有效推动了当地战略性新兴产业的发展。

2. 创业投资与多元融资渠道

除了初创资金和天使投资，科技创新平台还积极引入创业投资基金、风险投资等多元化融资渠道。这些资金不仅为科技成果的转化提供了充足的资金支持，专业的管理团队和市场化的运作机制，还加速了科技成果从实验室走向市场的步伐。例如，青岛市通过政府引导基金和一系列政策激励，吸引了大量创投风投机构投资本地项目，为科技型中小企业提供了全周期的金融服务。

3. 金融产品与服务创新

为了更好地服务科技创新，金融机构还不断推出创新金融产品。例如，中信银行推出的"科创 e 贷"产品，为科创企业提供线上化、无抵押的授信服务，贷款最高可达 1000 万元；兴业银行则依托产业园区，为供应链、产业链上的科创小企业提供综合金融服务。这些创新金融产品和服务，不仅拓宽了科技型企业的融资渠道，还降低了融资成本，提高了融资效率。

（二）政策激励：政府的"催化剂"作用

1. 财政支持与税收优惠

政府通过制定一系列财政支持和税收优惠政策，激励企业加大研发投入，促进科技成果转化。例如，研发费用加计扣除政策允许企业按一定比例将研发费用计入税前扣除，有效减轻了企业的税负，增强了其研发投入的信心和动力。此外，政府还对新认定的国家级、省级重点实验室和工程技术研究中心等创新平台给予资金支持，鼓励其开展前沿技术研发和成果转化。

2. 科技成果转化政策

为了打通科技成果转化的"最后一公里"，政府还出台了一系列专项政策。例如，德州市通过建立科技成果转化项目库，搭建中试和技术转移服务平台，链接输出方、输入方和中介方等主体，构建了完善的科技成果转化体系。同时，政府还通过"备案制＋后补助"的方式，鼓励企业积极引进先进适用的科技成果进行产业化发展。

3. 创新创业环境优化

政府还通过优化创新创业环境，为科技成果转化提供更加有利的条件。例如，武汉市出台《武汉市促进科技成果转化的若干政策措施》，通过打造校地深度融合发展先行区、创新成果场景应用优选区等措施，促进高校院所与地方产业的深度融合，加速科技成果的转化应用。此外，政府还通过建设科技创新园区、孵化器、加速器等创业服务平台，为科技型中小企业提供全方位的创新创业服务。

五、优化创新生态与产业链协同

(一) 优化创新生态：构建科技创新的沃土

科技创新平台的首要任务是构建一个开放、协同、包容的创新生态系统。这一系统涵盖了政府、企业、高校、科研院所及金融机构等多元主体，通过政策引导、资金扶持、人才汇聚、信息共享等机制，激发各参与方的创新活力与潜力。

1. 政策引导

政府通过制定一系列鼓励科技创新的政策措施，如税收优惠、科研经费补贴、创新产品政府采购等，为科技创新平台提供坚实的制度保障。

2. 资金扶持

设立专项基金、风险投资引导基金等，为初创企业和科研团队提供资金支持，降低创新风险，加速科技成果从实验室走向市场。

3. 人才汇聚

打造高端人才聚集地，通过人才引进计划、国际合作项目等方式，吸引国内外顶尖科学家、工程师及创新型企业家加入，形成人才驱动的创新格局。

4. 信息共享

建立高效的信息交流平台，促进科研成果、市场需求、技术趋势等信息的快速传递与共享，为创新活动提供及时、准确的数据支持。

(二) 产业链协同：加速科技成果产业化进程

科技创新平台通过促进产业链上下游的紧密合作，实现了从基础研究、技术攻关到成果转化、产业孵化的无缝衔接，形成了完整的创新链条。

1. 基础研究与技术攻关

平台汇聚顶尖科研力量，针对行业共性关键技术难题进行联合攻关，突破技术瓶颈，为产业发展解决源头供给。

2. 成果转化与示范应用

建立科技成果转化机制，通过技术转移、专利许可、合作开发等方式，推动科技成果快速转化为现实生产力。同时，选取典型应用场景进行示范推广，验证技术的可行性与经济性。

3. 产业孵化与升级

依托科技创新平台，建设一批专业化、特色化的科技企业孵化器、加速器，为初创企业提供全方位的创业服务，助力其快速成长。同时，推动传统产业转型升级，引入新技术、新业态、新模式，提升产业竞争力。

(三) 激活产业新赛道：核技术与激光技术的应用实践

在核技术应用领域，科技创新平台通过加强核能安全利用、核医疗、核辐射加工等方向的研发，推动了核技术的广泛应用与产业升级。激光技术方面，平台聚焦于高端制造、智能制造、医疗健康等领域，通过激光加工、激光诊断、激光治疗等技术的创新应用，不断拓展激光技术的市场空间与价值边界。

这些战略性新兴产业的快速发展，不仅为我国经济转型升级注入了新动能，也为全球科技创新与产业发展贡献了"中国方案"。

六、强化技术攻关与成果转化

(一) 强化技术攻关，聚焦关键核心技术

科技创新平台的首要任务是瞄准国家战略需求和行业痛点，集中力量攻克关键核心技术难题。这要求平台具备高度的自主性，能够在前沿科技领域进行深入的探索与研发，减少对外部技术的依赖。通过设立专项基金、组建跨学科研发团队、优化资源配置等措施，平台能够吸引并汇聚国内外顶尖人才，形成协同创新的强大合力。同时，强调原创性改革，鼓励科研人员勇于尝试新方法、新思路，不断突破现有技术壁垒，实现从"0"到"1"的突破，为科技成果转化奠定坚实的技术基础。

(二) 推动产学研深度融合，促进成果落地

科技创新平台不仅是技术创新的摇篮，更是科技成果转化的加速器。平台积极搭建产学研合作平台，鼓励青年骨干走出实验室，担任科技助理角色，深入企业一线，了解市场需求，促进科研与产业的深度融合。这一举措

不仅有助于科研成果更快地转化为生产力，还能培养一批既懂技术又懂市场的复合型人才。同时，平台邀请科研院所、高校的技术带头人担任科技顾问，他们凭借丰富的科研经验和敏锐的市场洞察力，为企业研发提供精准指导，助力企业攻克技术难关，提升产品竞争力。

(三) 优化成果转化机制，激发创新活力

为了进一步激发科技创新活力，加快科技成果转化速度，科技创新平台不断优化成果转化机制。一方面，建立健全科技成果评估体系，确保评价结果的客观性和公正性，为成果转化提供科学依据；另一方面，完善知识产权保护制度，加强对科技成果的专利布局和维权工作，保障创新者的合法权益。此外，平台还积极探索多元化的成果转化模式，如技术许可、技术入股、产学研合作共建等方式，拓宽成果转化渠道，提高成果转化效率。

(四) 构建开放共享的创新生态系统

科技创新平台还注重构建开放共享的创新生态系统，平台通过举办学术会议、技术交流会、创新创业大赛等活动，加强科研人员之间的交流与合作，促进知识、技术和信息的自由流动。同时，平台积极对接国内外创新资源，吸引海外高层次人才回国创新创业，推动国际科技合作与交流。这种开放共享的创新生态系统不仅有助于提升平台的创新能力和国际影响力，还能为科技成果的转化提供更加广阔的空间。

七、推动产学研合作与市场化运作

(一) 科技创新平台：产学研合作的催化剂

1. 搭建合作桥梁，促进资源共享

科技创新平台通过构建开放合作的创新生态系统，打破了传统科研体系中的壁垒，使得高校、科研院所与企业之间的信息流动更加顺畅。平台不仅提供先进的科研设施、仪器设备和数据资源，还促进了人才、资金、技术等关键要素的跨界融合，为产学研各方搭建了资源共享、优势互补的合作平台。

2.聚焦行业需求，共研市场导向技术

平台紧密围绕产业发展和市场需求，引导高校和科研院所的研究方向向实际应用靠拢。通过组织联合攻关、技术研讨会等形式，促进产学研各方就行业共性问题进行深入探讨，共同研发出具有市场竞争力的科技成果。这种以市场为导向的研发模式，大大提高了科技成果的实用性和转化率。

(二)科技创新平台助力科技成果市场化运作

1.市场推广与品牌建设

科技成果的市场化运作离不开有效的市场推广和品牌建设。科技创新平台通过提供专业的市场分析、营销策划和品牌塑造服务，帮助科技成果精准定位市场，提升品牌知名度和美誉度。同时，平台还利用自身的行业资源和网络优势，为科技成果寻找潜在客户和合作伙伴，拓宽市场渠道。

2.融资支持与金融服务

科技成果的产业化往往需要大量的资金支持。科技创新平台通过与金融机构、风险投资机构等建立合作关系，为科技成果转化项目提供融资咨询、风险评估、资金对接等全方位金融服务。这不仅解决了科技成果转化过程中的资金瓶颈问题，还加速了科技成果从实验室走向市场的步伐。

3.知识产权保护与管理

知识产权是科技成果的核心价值所在。科技创新平台重视知识产权的保护与管理工作，为产学研合作各方提供专利申请、商标注册、版权登记等一站式服务。同时，平台还加强知识产权的培训和宣传，提高合作各方的知识产权意识和管理水平，为科技成果的市场化运作提供坚实的法律保障。

八、提供技术支持和资源共享

(一)技术承接与原创开发：奠定转化基础

技术承接是科技创新平台的首要功能之一。平台通过汇聚行业内的顶尖科研团队和技术专家，能够高效承接来自高校、科研院所及企业的前沿科技成果，进行后续的验证、优化与再开发。这一过程不仅确保了科技成果的先进性和实用性，还为其后续的市场化应用奠定了坚实的基础。

原创开发则是平台持续创新能力的体现。鼓励平台内的科研人员进行原创性研发，不仅能够产出更多具有自主知识产权的核心技术，还能形成技术壁垒，提升产业竞争力。原创开发成果往往具有更高的转化价值和市场潜力，是推动产业升级的重要力量。

（二）资源共享：加速转化进程

资源共享是科技创新平台促进科技成果转化的核心优势。平台通过整合各类科研资源，如仪器设备、数据库、技术专利等，实现资源的优化配置和高效利用。这不仅可以降低单个科研项目的成本，还能加速科研进程，提高成果转化效率。同时，资源共享机制促进了跨学科、跨领域的合作与交流，有助于形成协同创新网络，催生更多跨界融合的科技成果。

（三）孵化企业：实现市场对接

企业孵化是科技创新平台将科技成果转化为现实生产力的关键环节。平台通过提供办公空间、融资支持、市场拓展、法律咨询等一站式服务，帮助初创企业快速成长。在孵化过程中，平台不仅关注企业的技术创新能力，还注重其市场适应能力和商业模式创新，确保科技成果能够顺利进入市场并实现商业价值。此外，平台还通过举办创业大赛、投资对接会等活动，为初创企业搭建展示和交流的平台，吸引社会资本关注和支持。

九、提升技术成果转化能力

（一）政策支持与体制机制完善方面

建立协调机制：建立科技成果转化协调机制，设立跨部门科技成果转化政策协调服务机构，如设立科技成果转化政策一门式服务窗口，指定专门机构承担具体协调服务工作，协调解决政策落实问题。这样能使科技创新平台在成果转化过程中有更顺畅的政策环境，避免因体制机制问题导致的转化障碍。

政策宣传与监测：市县两级有关部门汇编科技成果转化政策，组建科技成果转化政策咨询服务平台，组成专门的政策服务队，开展宣讲。同时，设立服务机构对政策落实情况进行监测和第三方评估，推进科技创新成果转化落实。科技创新平台可借此更好地理解和运用政策，提升成果转化能力。

(二) 商业模式创新与风险投资培育方面

1. 全链条创业孵化

探索以创客空间＋预孵化器＋孵化器＋加速器＋产业园全链条科技创业孵化为载体的市场化商业模式。营造科技成果转化和产业孵化生态模式，促进创新链、产业链和资本链有效融合。科技创新平台采用这种模式，能为成果转化提供从创意到产业化的全方位支持。

2. 多业务板块协同

构建创业孵化＋创业投资＋资产经营三大业务板块，实现创业孵化行业公益性和企业运营逐利性的有效协同。这有助于科技创新平台吸引更多资源投入技术成果转化中，兼顾各方利益，提高转化的动力和效率。

3. 创新财税金融支持

利用创业投资基金、风险投资基金等有效引导和发挥社会投资的作用，发挥市场需求对产业的拉动作用，引导社会消费，激励企业将创新成果转化。科技创新平台可以积极与这些基金合作，为技术成果转化提供更多的资金渠道和金融支持手段。

(三) 孵化平台建设方面

1. 搭建交流平台

通过行业协会、企业家协会、产业俱乐部、技术联盟等方式搭建国内企业之间，国内企业同跨国企业及高等院校、科研机构间的技术、创新成果交流平台。科技创新平台借助这些交流平台，可以获取更多的技术成果资源，拓展成果转化的合作对象和渠道。

2. 构建交易服务平台

(1) 完善队伍与市场

构建提供创新成果需求和供给信息服务及创新成果交易服务的孵化平台，如完善技术经纪人队伍，建立和完善技术、专利、知识产权交易市场等。科技创新平台可以利用这样的交易服务平台，实现知识、技术、专利等的顺畅交易。

（2）提供多种服务

技术成果转化平台可提供线上渠道、评估服务、知识产权保护、交易咨询服务、社区支持服务等。科技创新平台也可借鉴这些服务内容，如提供线上交流、申请评估、获取知识产权保护、了解市场情况和交易规则等服务，使技术成果转化更加高效和便捷，提高转化成功率。

（四）知识产权保护方面

1. 确立司法主导地位

完善知识产权保护制度，确立司法保护在知识产权保护中的主导地位。科技创新平台在技术成果转化过程中，依靠司法保护规则的明确、长期稳定等优势，保障自身权益，避免成果被侵权。

2. 提高司法保护效率

贯彻落实探索并建立知识产权法院的要求，提高知识产权案件的审理质量与效率，充分保障创新主体的权益。这有助于科技创新平台在遇到知识产权纠纷时能得到及时有效的司法支持，增强成果转化的信心。

3. 加大侵权惩罚力度

加大知识产权侵权案件的惩罚力度，发挥震慑侵权行为的作用，避免故意侵权、反复侵权等现象，有助于科技创新成果的转化。

第三节　大数据视域下科技创新平台建设

科技创新是决定社会经济健康发展的关键因素，近年来，我国提高了对科技创新的重视，大力建设科技创新服务平台，利用大数据技术整合科技创新资源，加速转化科技创新成果，从而降低科技创新成本，拓展科技创新蓝海，完善科技创新体系。当前，科技创新服务平台建设期间遇到诸多问题，平台运行效果不理想，需借助大数据技术，充分发挥大数据优势，打造新型科技创新服务平台，强化理论研究，形成体系方案。

一、大数据视域下科技创新服务平台建设的重要性

(一) 建设科技创新服务平台是优化创新要素资源配置的重要手段

信息资源不对称、渠道单一是影响科技创新服务质量的关键，为发挥科技创新服务平台优势，应合理配置创新要素，实现创新要素的自主流通。加强科技创新服务平台建设能够改善这一现状，消除信息壁垒，加快信息、人才、成果、资源等整合与流动，加速各产业链的集成，从而助力社会创新创业发展。

(二) 建设科技创新服务平台是促进科技成果转移转化的有效举措

各地区科技创新资源存在差异，建设科技创新服务平台，有利于依托数字化服务平台，打破各地区资源信息限制，实现各地区跨区域的资源对接，为供需双方搭建起科技成果转化的桥梁，加速科技成果转移转化效率，推动科技融入产业领域发展，实现经济效益的提升。

(三) 建设科技创新服务平台是优化创新创业服务的有效支撑

大数据是科技创新服务平台建设的基础，平台建设实现了互联网与科技服务的跨界融合。以服务创新创业、提高区域创新能力为目标，以平台为基础，加快科技成果转化，嫁接和整合上下游资源，包括创新政策、技术成果资源、专家团队及金融资本等，为企业、投资机构、人才等主体提供海量的信息资源，有助于创新创业群体与科技服务实现精准对接。

二、大数据视域下科技创新服务平台在建设期间面临的问题

(一) 体系化标准仍需完善

利用大数据技术建设科技创新服务平台是一项综合性活动，涉及诸多方面，必须具备完善的理论体系与明确的标准，才能严格把控建设过程，确保最终建设的科技创新服务平台使用效果达到预期目标。目前，大数据技术在科技创新服务平台建设中的应用时间较短，技术研究深度不足，尚不能以

系统、全面的技术体系作为建设支撑，削弱了平台建设过程的控制力度，建设成果也在一定程度上偏离了预期目标。

(二) 数据质量参差不齐

科技创新服务平台科技资源主体多，不同主体提供的科技资源内容时常出现冲突问题，受主体自身原因的影响，还会提交一些失真数据，不具备参考利用价值，平台科技资源的数据质量参差不齐。从平台运行角度来看，随着大数据技术的落地应用，虽然科技创新服务平台的数据处理能力得到显著强化，但仍存在处理上限，一旦数据处理总量临近或超出极限能力，平台运行会出现延迟、卡顿，降低了服务响应的时效性，并拉长了数据处理周期，严重时还会导致平台彻底崩溃、科技信息资源丢失损毁。从用户角度来看，如果科技创新服务平台无法保证信息资源的真实性和准确性，研发科技成果期间使用到重复、失真的信息数据，也会增加研发成本，降低研发成功率。

(三) 存在重复建设、缺少稳定支持等问题

科技创新服务平台建设是一项长期性、综合性的活动，建设要求严格，不但需要具备丰富的技术储备，还需要在平台建设、运营阶段持续投入大量人力物力资源。目前，社会资本对科技创新服务平台建设项目的重视程度偏低，科技创新服务平台建设活动主要依赖国有企业与政府部门。受到行政区划等因素影响，我国当前建成的科技创新服务平台具有显著的地域属性，各区域建立独立的科技创新服务平台与配套科技创新服务体系。一方面，各区域科技创新服务平台互不统属，缺乏高效稳定的信息交流机制，海量科技资源没有得到高效集成利用，科技资源规模与用户数量有限，平台实际创造价值受到影响。另一方面，多数科技创新服务平台存在性能冗余的问题，平台性能远超实际使用需求，随着平台重复建设，造成了不必要的资源浪费。

三、大数据视域下科技创新服务平台建设问题的解决对策

(一) 完善平台技术标准

1. 资源汇集类型

科技资源汇集情况与适用条件取决于资源汇聚类型，当前主要采取多主体汇集、多方向汇集两种类型。多主体汇集是把企业、政府部门、科研院所、高等院校作为科技资源提供主体，全面汇集归纳诸多种类的优势科技资源，根据主体资源特征确定最佳汇集主体，有利于强化科技创新服务平台服务能力。多方向汇集是横向汇集用户在创新创业期间所需要的单一科技资源，网络化汇集诸多领域、层次内主体提供的各类科技资源，将科技资源进行汇总整理后，提供一站式创新创业服务。

2. 资源组合衍生

为实现科技资源增值目标，精准匹配对接资源供需，根据资源往期使用频率，将常用科技资源进行组合处理，以"资源包"形式将科技资源提供给用户。也可选择按照资源依赖关系组合科技资源，有利于提高选择效率和匹配成功率。随后，建立双螺旋循环模型，平台向用户提供服务期间，持续衍生科技资源，起到增加平台科技资源存储量、准确掌握资源需求的作用。

3. 资源存储

为减轻平台运行负担，根据科技资源时效性，采取分类存储方式。对于强时效性科技资源，主要采取网络存储方式，持续收集全新资源并动态更新资源内容。对于一般时效性的科技资源，将科技资源在云端或其他渠道进行存储，用户提出资源使用需求后，再将此类科技资源调回科技创新服务平台。

(二) 科学规划布局，拓宽资源配置渠道

聚焦国家战略需求和问题导向，加强科技创新服务平台的顶层设计和系统布局。依据各类科技创新服务平台功能和服务的不同，辅以"学科领域"进行分类，构建定位明确、边界清晰的科技创新服务平台矩形布局模式，完善共性基础技术供给体系；科学规划平台发展布局，包括平台的领域

布局和地域布局，在装备制造、新材料、电子信息等优势领域继续深入研究的同时，推进新能源、现代农业等领域科技创新服务平台的建设，促进产业均衡发展。围绕区域发展战略，对科技创新服务平台地域分布进行统一规划和调整，依托自身优势资源和产业特点建设科技创新服务平台，优化产业结构，提升科技创新能力。同时鼓励企业建设研发中心和创新实验室，发挥企业在科技创新服务平台建设中的重要作用。

（三）整合科技创新服务平台

为解决平台重复建设问题，对科技资源规模与平台服务能力进行全面提升。应用云计算技术，建立信息交互云服务模式，把各区域已建成的科技创新服务平台接入云平台，做到统一调度管理。在现有科技创新服务平台基础上，额外建立云平台，将云端资源池作为国家科技创新服务平台科技资源、区域性科技创新服务平台的科技资源交换渠道，用户向区域性平台提出服务请求后，平台准确分析用户需求，根据用户需求在云端资源池内搜索所需科技资源，再把资料信息提供给用户，使科技创新服务平台提供的服务内容不再局限于本地数据库内存储的科技资源。在高效整合若干科技创新服务平台的背景下，平台向不同地域、不同领域的用户提供科技服务，根据用户多元化需求，提升平台决策精度与服务能力。如果提供专家团队在线协同服务，不但会产生高昂的运维成本，由于专家数量远少于用户数量，还会对平台服务时效性造成一定程度的影响。针对此项问题，需要从技术层面着手，提高服务质量，搭配应用人工智能技术，建立专家知识库，汇总科技创新服务平台往期服务案例，融会贯通专家知识。当用户提出复杂服务需求时，平台能够及时、准确地提供所需服务，并对服务效果进行持续跟踪。用户需求变化、问题未得到有效解决时，平台自动提供后续服务。

（四）优化科技创新平台大数据管理系统

在尽可能获取科技创新平台大数据的基础上，对科技创新平台大数据融合系统进行优化。其中，数据池外层包括各类数据挖掘算法，如关联规则算法、聚类算法、深度学习算法、协同过滤算法等，用以支持专家画像、项目评审、专家推荐、成果转化等。数据池最外层是科技创新平台大数据管理系统的统一服务中心，负责对外提供开发数据服务、统计分析服务、基础条件服务等，如针对科技研发的嵌入式信息服务、针对宏观决策的情报深度分析服务等，并且利用 App 和微信小程序等移动端作为支持，从而更好地对用户使用习惯进行适应。以嵌入式信息服务为例，通过对创新主体科研需求的分析，主动帮助其对接或参与重大科研项目，发挥支撑作用，提供专利分析支持、科技文献辅助、文献资源查询、创新咨询检索、技术难题解决等功能，切实将功能嵌入科研全流程之中，实现精准化、链条化的大数据服务模式。

（五）强化理论研究，形成体系方案

对于大数据视域下的科技创新平台建设而言，理论模型发挥着至关重要的作用。在科技创新平台整体建设方案中，用于平台框架和业务服务模式理论研究的，基本超过平台硬软件建设预算一倍。在科技创新平台实际建设过程中，需要在开始建设之前通过申请专题项目、内设调研课题等手段，对平台建设过程中可能存在的数据问题进行细致梳理，如科技管理大数据所覆盖的范围、数据涉密和隐私问题的处理、跨系统数据汇总、大数据管理平台创新服务方式等问题。强化理论研究，基于获取到的理论研究成果开展对大数据科技创新平台的建设。

（六）加强顶层设计，实施精准服务

大数据视域下，科技创新平台服务的集成化、专业化、精准化趋势愈加明显，吸引了大量创新主体参与其中。在大数据赋能下，转变科技创新平台建设思路，将其打造成集科技创新服务要素资源、多样化科技服务机构于一体的一站式服务平台，离不开对顶层设计的强化。在科技创新平台设计过程中，需要对各类用户的服务需求进行调研，明确不同创新主体需要什么样的数据服务，以此实现精准服务。例如，科技创新平台在面向大众用户时，主要提供的数据公开和基础信息服务，依托大数据分析技术对用户检索词语进行分析，在了解用户需求后向其关联推送所需的科研成果。又如，在面对重点科研项目时提供的嵌入式服务，依托用户分析提供文献辅助、政策指南等公共服务以及项目查新等定制化服务，从而实现对重点科研项目的支持。

（七）保证数据可信，避免主权争议

科技创新平台建设过程涉及科技管理大数据、科研项目大数据、文献资源大数据、互联网媒体大数据等，在实际建设过程中想要依靠一个机构独立做好数据整合工作，难度极大，必须采取多方协同合作的方式。其一，加强与数据主权单位的协同合作；其二，加强与数据加工部门的协同合作，在保证数据真实性的基础上进行更为精准的大数据分析。在避免数据主权争议方面，首先，应从技术层面入手，不断升级科技创新大数据管理系统，多预留与其他系统的接口，便于后续实现数据共享。其次，要主动承接科技创新平台的事务性工作，强化各类科技管理、专利服务等业务的后台网络支持，保证获取到的数据切实可用。再次，应加强与国内知名数据商的合作，避科技创新平台建设过程中涉及的文献类资源出现知识产权的争议问题。最后，科技创新平台建设应采用适当的行政手段，制定数据交汇政策，从而确保数据的更新频次符合建设需求。

（八）加强人才队伍建设

大数据时代，科技创新平台建设对人才的需求十分迫切。为保证科技创新平台的顺利建设，除需要人才政策方面的支持外，还应持续加强科技创新平台的人才队伍建设。首先，在科技创新平台建设过程中，积极引进科技创新管理人员和科研人员，以此为科技创新平台在大数据背景下的建设提供必要的人力资源支持。其次，要加强对平台中各类人才的培养工作。科技创新平台建设要抓紧大数据时代发展契机，加强合作交流，在重点培养创新科技研究人才的同时，加强对各类技术型人才的培养，包括软件技术开发人员、大数据技术人员、管理人员等，从而形成复合型的专业化人才队伍，促进我国科技创新平台建设和运营工作的可持续性发展，强化人才储备，避免出现人才短缺的情况。最后，科技创新平台建设还要建立合理的激励机制对人才进行选拔。在实际操作中可以根据具体贡献情况采取绩效激励，以激发人才参与科技创新管理的积极性，通过对其工作状态、能力进行评估，激励通过学习提高自身技能水平的员工，为其提供更好的职业发展规划。同时可以定期举办表彰大会，对做出杰出贡献的人才授予相应的荣誉，在强化其归

属感的同时，以榜样力量实现对其他人员的正向激励。

（九）以跨域联合为核心，探索高效协同的创新模式

为实现高水平科技自立自强、建设科技强国，应不断提高对科技创新的重视。与此同时，科技创新团队建设是推动科技发展的主要驱动力，只有强化科技力量，才能够提高科技创新服务的整体能效。具体可以从以下三个方面推进：

1. 深化产学研合作

面向科技前沿，发挥科技创新服务平台作用，夯实产学研合作载体，构建以高校为基础理论研究、知识输出主体，以科研院所为技术研发及应用主体，以企业为成果产业化、商业化主体的"科技共同体"，探索建立新型创新组织及研发机构，打通成果转移转化链条。

2. 加强多领域联合创新

随着高新技术产业的深入发展，材料、机械、光学、电气等领域纵向深入推进，科技创新服务平台要重视复杂科学的研究，加强多领域联合创新，加快战略技术的研发和转化，促进产品升级。

3. 跨区域创新

我国各地区资源条件、技术能力、创新资源等存在显著差异，为实现区域发展战略规划，科技创新服务平台需汇集各区域资源优势，提高优势创新资源的利用效率，建成以区域特色优势为基础的联动创新体，共同探索高效协同创新模式。

（十）丰富服务模式，拓展平台服务的维度和深度

科技创新服务平台是各主体获取资源的重要途径，重要资源交易和服务对接需要经过严格的评估分析、可行性研究及商务洽谈等环节。为丰富服务模式，拓展服务的深度和维度，应注重加快人才队伍建设，为用户提供技术成果、专利交易评估评价等专业化服务，为创新服务提供专业化的保障。此外，要坚持问题导向、目标导向，围绕需求和供给服务，采取线上线下相结合的方式，网上开设专题、开展项目路演，线下经常性开展技术服务和交流培训等创新活动，形成各类创新创业主体互促、线上与线下互动的生动局面。

第八章　企业管理与科技发展建设融合

第一节　企业管理与科技发展的初步融合

一、企业管理对科技发展的影响

(一) 企业管理中的创新管理理念对科技发展的影响

随着科技的飞速发展，创新管理理念在企业管理中的重要性日益凸显。特别是在科技领域，创新管理理念不仅影响着企业的运营效率，更在推动科技发展方面起着关键作用。

1. 创新管理理念：驱动企业运营效率的关键

创新管理理念强调的是以创新思维来管理和运营企业，通过持续改进和优化企业的运营流程，以提高企业的效率和竞争力。在科技企业中，这种创新管理理念尤为重要。因为科技企业的发展速度往往超越了传统的制造业，这就需要企业能够灵活应对快速变化的市场环境，持续推出创新产品。

2. 创新管理理念与科技发展的紧密联系

科技发展是当前全球发展的关键驱动力。它深刻影响着人们的生活和工作方式。在这个过程中，企业管理理念的创新发挥着重要的作用。一方面，科技发展推动了企业对创新管理的需求，使企业必须不断创新和优化自己的运营方式；另一方面，创新管理理念的实施也推动了科技的发展，通过优化资源配置提高研发效率，为企业带来了更多的创新机会。

3. 创新管理理念如何推动科技发展

(1) 促进研发效率提升

通过创新管理理念，企业可以优化研发流程，提高研发效率。例如，通过采用敏捷开发方法，更快地响应市场变化，推出更符合市场需求的产品。

（2）推动科技创新

创新管理理念鼓励企业进行持续的研发投入，鼓励员工进行创新思考。这种鼓励创新的文化氛围，有助于培养出更多的科技创新人才，推动科技发展。

（3）推动科技成果转化

创新管理理念不仅关注研发过程，也关注研发成果转化。企业通过有效的管理可以将科研成果转化为实际的产品和服务，推动科技在更广泛领域的应用。

企业管理中的创新管理理念对于科技发展有着深远的影响。它通过驱动企业运营效率提升、推动科技创新和科技成果转化，为科技发展提供了强大的动力。

（二）企业管理中组织结构优化对科技发展的影响

随着科技的快速发展，企业管理的组织结构优化已成为科技发展的一大推动力。特别是在当前全球经济竞争激烈的环境下，组织结构的优化对企业的竞争力提升、效率提升和科技应用发展等方面有着至关重要的影响。

1. 提升企业竞争力

企业管理中组织结构的优化可以提升企业的竞争力，特别是在数字化、网络化和智能化的今天。企业可根据自身的特点和发展需求，建立适应现代市场需求的扁平化、网络化、扁平化的组织结构，从而更好地适应市场变化，提高决策效率，增强企业的市场竞争力。

2. 提高工作效率

组织结构的优化可以有效地提高工作效率。优化工作流程，减少中间环节，可以大大提高工作效率。同时，扁平化的组织结构可以减少层级，使信息传递更加快速、准确，从而更好地满足市场需求，提高企业的生产效率。

3. 推动科技应用发展

企业管理中组织结构的优化对于科技应用的发展也有着积极的影响。通过建立高效的组织结构，企业可以更好地应用新技术、新模式和新方法，从而推动科技应用发展。同时，组织结构的优化也可以为科技研发提供更好的环境和条件，推动企业的科技创新和研发能力提升。

然而，组织结构的优化并不是一蹴而就的，需要企业从多个方面入手，包括但不限于明确组织结构的目标和任务、优化工作流程、提高员工素质、加强沟通与协作等。同时，企业还需要根据市场变化和科技发展不断调整和优化组织结构，以适应不断变化的市场环境。

企业管理中组织结构的优化对科技发展有着重要的影响。通过优化组织结构，企业可以提高工作效率、增强市场竞争力、推动科技应用的发展。在未来，随着科技的不断发展，组织结构的优化也将继续发挥重要作用，推动企业持续创新和发展。

(三) 企业管理中人力资源配置的优化对科技发展的影响

在现今的时代，科技的飞速发展为人们的生活带来了前所未有的变化。科技的进步不仅仅取决于设备、技术的更新换代，更重要的是人的智慧和创新力。企业管理中的人力资源配置作为一项核心的策略，无疑对科技的发展起到了关键性的影响。

首先，我们要明白，人力资源配置的核心是最大化地发掘和利用人才的价值。优秀的人力资源配置可以使企业在激烈的竞争中保持优势，提高工作效率，同时也为员工提供了发展和成长的平台。这样的环境能吸引和留住更多的优秀人才，形成一个良性循环。

对于科技企业来说，人力资源配置的优化更具有特殊的重要性。这是因为科技行业的发展速度快，对人才的需求也更加多样化。在科技领域，需要大量的研发人员、技术人员、市场营销人员等各类专业人才。企业如果能够合理配置这些资源，就能够快速响应市场的变化，适应科技的快速发展。

此外，人力资源配置的优化也能提高企业的创新能力。通过合理的分工和协作，企业可以将各种资源进行有效的整合，从而推动创新的发生。在科技领域，创新是企业保持竞争力的关键，而人力资源配置的优化则是推动创新的重要因素。

人力资源配置的优化也对企业的人才培养和人才引进起到了积极的影响。通过提供良好的工作环境和发展机会，企业可以吸引更多的人才，同时也能培养出更多的优秀人才。这些人才可以为企业提供新的思路和方法，推动企业的技术进步和业务发展。

在科技发展的背景下，人力资源配置的优化不仅会影响企业的竞争力，也会影响整个社会的科技进步速度。因为科技的发展离不开人才的推动，而优秀的人力资源配置可以激发人才的潜力，培养出更多的科技人才，从而推动科技发展。

企业管理中人力资源配置的优化对科技发展具有深远的影响。通过合理的人力资源配置，企业可以提高工作效率，推动创新，培养和吸引更多的人才，从而在激烈的竞争中保持优势，促进科技快速发展。在未来，我们期待看到更多通过优化人力资源配置而实现科技突破的企业，为我们的生活带来更多的便利和惊喜。

二、科技发展对企业管理的影响

(一) 提高生产效率

随着科技的飞速发展，企业管理也发生了翻天覆地的变化。科技的进步不仅改变了人们的生活方式，也深刻影响了企业的运营模式和管理方式。笔者将探讨科技发展如何提高生产效率，进而影响企业管理。

1. 生产自动化：提高生产效率的关键

在过去的几十年里，自动化技术已经被广泛应用于制造业。从生产线上的机器人到智能化的物流管理系统，自动化技术大大提高了生产效率，降低了人力成本，同时也减少了人为错误。此外，云计算和大数据分析的进步使得企业能够实时监控生产过程，优化生产流程，进一步提高生产效率。

2. 远程协作：打破地理限制

企业之间的竞争日益激烈。远程协作技术的发展使得企业可以在全球范围内进行高效协作，打破了地理限制。通过视频会议、云计算和协同软件，企业可以实时沟通、协作，提高决策效率，降低沟通成本。

3. 数据分析与预测：优化决策

大数据和人工智能的发展为企业提供了前所未有的数据分析和预测能力。企业可以利用这些技术分析历史数据，预测未来趋势，进而制定更精确的决策。这种基于数据的管理方式可以帮助企业更好地理解市场需求，优化资源配置，提高生产效率。

4. 员工培训与知识管理：提升员工能力

在科技发展的推动下，企业也开始注重员工培训和知识管理。通过在线学习平台和知识管理系统，企业可以更有效地培训员工，提升员工能力，同时也可以保留人才，降低人才流失带来的损失。这种管理模式有助于提高员工满意度，增强企业凝聚力。

5. 创新驱动：引领未来发展

科技发展为企业管理带来了巨大的机遇，同时也带来了挑战。企业需要不断创新，以适应科技发展的趋势。通过引入新技术、新模式、新思维，企业可以更好地应对市场变化，提高生产效率，增强竞争力。

科技发展对企业管理的影响是深远的。它提高了生产效率，打破了地理限制，优化了决策过程，提升了员工能力，同时也为企业带来了创新的动力。面对未来，企业需要把握科技发展的机遇，不断创新，以适应这个快速变化的时代。

（二）提升企业竞争力

随着科技的飞速发展，人们的生活和工作方式正在发生深刻的变化。特别是在企业管理领域，科技的发展正在重塑人们的思维方式和工作模式，从而极大地提升了企业的竞争力。

1. 提高决策效率

在传统的管理模式下，企业决策需要经过漫长的研究和讨论，这不仅耗费大量时间，还可能因为信息的不完全而影响决策的准确性。然而，随着大数据、人工智能等科技的发展，企业能够通过数据分析快速获取市场信息，从而做出更准确、更及时的决策。这不仅提高了决策效率，也增强了企业的市场应变能力。

2. 优化人力资源

人力资源管理是企业管理的重要组成部分。科技的发展使得人力资源管理工作更加精细化、智能化。例如，通过人工智能技术，企业可以实现自动排班、自动薪酬计算等功能，大大提高了人力资源管理的效率。同时，这些技术还能根据员工的工作表现和兴趣爱好进行智能推荐，帮助企业发掘和培养更多的人才，提高员工的工作满意度和忠诚度。

3. 提升供应链管理效率

在供应链管理方面，物联网、区块链等科技的应用，使得企业能够实时跟踪供应链的各个环节，及时发现并解决问题，从而提高供应链的稳定性和效率。这不仅降低了企业的运营成本，也提高了企业对市场的响应速度。

4. 增强企业创新能力

科技创新是提升企业竞争力的关键。通过引入新的科技工具和方法，企业能够更快地发现新的商业机会，开发出更具竞争力的产品和服务。例如，通过虚拟现实、增强现实等技术，企业能够更好地进行产品设计和测试，提高产品的质量和用户体验。

5. 推动企业国际化

随着互联网技术的发展，企业能够更方便地进入国际市场。跨境电商、远程合作等新模式使得企业能够更快速地拓展国际业务，提高企业的国际化程度。同时，科技的发展也使得企业更容易获取国际市场信息，帮助企业更好地了解国际市场，制定合适的战略。

6. 持续学习与改进

科技的发展不仅带来了新的工具和方法，也提供了更多的学习资源。通过在线学习平台和数据分析工具，企业能够更方便地获取和学习新的知识，从而持续改进企业的管理方式和业务流程。这不仅提高了企业的创新能力，也增强了企业的学习能力和适应能力。

科技的发展正在深刻地改变着企业管理的方式和方法。通过提高决策效率、优化人力资源、提升供应链管理效率、增强企业创新能力、推动企业国际化以及持续学习与改进，科技发展正在帮助企业提升竞争力。面对未来，企业需要更好地利用科技的力量，以应对不断变化的市场环境，实现持续发展和进步。

（三）加速数字化转型

在当今飞速发展的科技时代，企业的管理也面临着前所未有的挑战和机遇。科技发展对企业管理的影响，特别是对加速数字化转型的影响，不可忽视。

首先，科技发展使得企业能够更快速、更有效地收集、处理和分析数据。在传统的企业管理中，数据的收集和处理往往是耗时且低效的。然而，随着大数据、人工智能等技术的进步，企业可以实时收集和分析各类数据，从而更好地理解市场、消费者行为以及自身的运营状况，进而做出更明智的决策。

其次，科技发展也推动了企业管理的创新。在数字化时代，企业需要不断探索新的管理方式和方法，以适应快速变化的市场环境。例如，云计算、物联网、区块链等技术的应用，使得企业能够实现更灵活、更高效的管理。同时，这些新技术也为企业提供了更多的可能性，如远程协作、智能决策等，并极大地提高了企业的竞争力。

再次，科技发展还使得企业间的合作更加紧密。在全球化的大背景下，企业间的竞争已不再局限于单个企业，而是整个价值链的竞争。通过科技手段，企业可以更方便地进行跨地域、跨行业的合作和交流，从而提高整体效率，创造更大的价值。

最后，科技发展对企业管理的影响是深远的。它加速了企业的数字化转型，推动了管理的创新，同时也带来了新的挑战。面对这些影响，企业需要积极应对，把握机遇，迎接挑战，以实现持续发展和进步。

然而，科技发展对企业管理的影响并非只有正面效应。随着数据量的增加和复杂性的提高，如何保护企业的数据安全，防止信息泄露和滥用，成为一个重要的问题。此外，科技发展也带来了新的挑战，如如何培养适应数字化转型的人才，如何应对技术风险等。

三、企业管理与科技发展初步融合的维度

(一) 企业战略规划中的科技元素

在当今瞬息万变的商业环境中，企业管理与科技发展之间的联系愈发紧密。科技正在逐渐渗透到企业的各个方面，无论是组织结构、业务流程，还是决策制定，都在经历着一场前所未有的变革。企业战略规划中的科技元素，正在以前所未有的速度和影响力塑造着企业的未来。

1.科技驱动的组织变革

企业需要认识到，科技正在推动组织结构变革。传统的层级式组织结构正在被更为灵活、扁平化的网络结构所取代。云计算、大数据和人工智能等技术使得企业能够更高效地共享信息，使得决策能够更快、更准确地被制定。此外，这种变革也推动了企业员工技能的发展，他们需要学习如何使用新的工具和技术，以适应这种变化。

2.科技改善业务流程

科技正在重塑企业的业务流程。通过自动化和人工智能技术，企业能够大大提高生产效率，减少人力和物力的浪费。例如，物联网技术使得企业能够实时监控和调整生产过程，从而提高产品质量和生产效率。此外，区块链技术也在供应链管理、数据安全等方面为企业提供了新的解决方案。

3.科技驱动的创新战略

在战略规划中，企业需要将科技视为一种创新驱动力。通过研究新兴的科技趋势，企业可以发现新的商业机会，创造新的产品和服务。例如，随着5G、物联网、AI等技术的发展，企业可以开发出更加智能、高效的产品和服务。同时，企业也需要关注科技对社会、环境的影响，以及法规的变化，以确保企业的可持续发展。

4.科技驱动的人才战略

科技在人才战略中也扮演着重要角色。随着技术的发展，企业对人才的需求也在发生变化。企业需要培养员工的科技素养，使他们能够适应新的工作环境和挑战。同时，企业也需要关注员工的心理健康和职业发展，为他们提供更多的发展机会和资源。

企业管理与科技发展的初步融合为企业带来了巨大的机遇和挑战。通过积极应对这些挑战并抓住这些机遇，企业将能够实现持续增长和成功转型。总之，在未来的企业战略规划中，科技元素的重要性将日益凸显，它将成为推动企业发展的核心驱动力。

（二）人力资源管理中的科技应用

随着科技的飞速发展，企业管理的模式也在发生着深刻的变化。在这个过程中，人力资源管理与科技的融合，无疑为企业管理带来了新的机遇和挑战。

1. 科技发展与企业管理模式的变革

科技的进步，尤其是大数据、人工智能、云计算等技术的发展，正在改变着企业的管理模式。传统的企业管理模式主要依赖于人工和纸质文件；而现在，越来越多的企业开始采用数字化、智能化的管理模式。这种转变不仅提高了管理效率，也为企业提供了更广阔的发展空间。

2. 人力资源管理与科技融合的重要性

人力资源管理是企业管理的核心之一，它涉及员工的招聘、培训、考核、激励等多个方面。在科技发展的背景下，人力资源管理也面临着新的挑战和机遇。通过应用科技，企业可以更好地了解员工的需求，提高员工的满意度，进而提高企业的整体绩效。

3. 科技在人力资源管理中的应用

（1）数字化招聘

通过在线招聘平台，企业可以更快速、更准确地找到符合岗位需求的人才。同时，该类平台还能提供简历筛选、面试安排、背景调查等一站式服务，大大提高了招聘效率。

（2）智能培训

利用人工智能技术，企业可以开发出智能化的培训系统，根据员工的不同需求和特点，提供个性化的培训方案。这不仅可以增强培训效果，还能节省大量的人力成本。

（3）绩效评估

通过大数据和云计算，企业可以更全面、更准确地评估员工的绩效。这不仅可以提高考核的公正性和准确性，还能为员工提供更有针对性的反馈和指导。

（4）员工关怀

科技的发展也为员工关怀提供了新的手段。例如，通过移动应用和社交媒体，企业可以更方便地与员工沟通，了解他们的需求和问题，提高员工的满意度和忠诚度。

尽管科技为人力资源管理带来了诸多便利和优势，但也存在一些挑战。例如，数据安全和隐私保护问题、技术故障和维护问题等。因此，企业需要制定相应的管理规范和技术标准，确保顺利应用科技。随着科技的进一步发展，人力资源管理与科技的融合将更加深入。智能化、自动化的管理将越来越普遍，这将为企业管理带来更大的便利性和效率。同时，企业也需要不断提高员工的技术素质和职业素养以适应这种变化。

(三) 供应链管理中的数字化转型

供应链管理是企业运营的关键环节，它涉及从原材料采购到产品配送的所有环节。传统的供应链管理主要依赖人工操作和纸质记录，这种方式不仅效率低下，而且容易出错。然而，随着大数据、人工智能和物联网技术的发展，供应链管理正在经历一场数字化转型。

数字化转型的核心是利用先进的技术手段，如物联网设备、数据分析工具和人工智能算法，来提高供应链的透明度，优化流程，并实时调整策略。例如，通过物联网设备，企业可以实时监控货物的位置、状态和运输情况，从而更好地进行管理。而数据分析工具则可以帮助企业分析市场趋势、预测需求，优化采购和生产计划。人工智能算法则可以优化配送路线、降低运输成本。

供应链管理视域下，企业管理与科技发展的融合主要体现在以下几个方面：

1. 创新驱动

科技的发展为企业提供了更多的创新机会。通过利用新技术，企业可以开发出更高效、更智能的供应链管理系统，从而提高企业的竞争力。

2. 员工赋能

数字化转型为员工提供了更多的工作机会并有助于提升工作效率。通过接受培训和指导，员工可以更好地适应新的工作方式，为企业创造更大的价值。

3. 决策优化

数字化技术可以帮助企业做出更准确、更及时的决策。通过数据分析，企业可以更好地理解市场趋势和客户需求，从而制定更有效的战略。

尽管数字化转型为企业带来了巨大的机遇，但也带来了许多挑战。例如，数据安全问题、技术培训问题、员工抵制变革等问题。因此，企业需要采取完善的数据安全措施，加强对员工的培训，同时积极沟通，帮助员工理解并接受数字化转型的重要性。然而，尽管挑战重重，前景仍然充满希望。可以预见，未来的供应链管理将更加智能化、高效化，为企业带来更大的竞争优势。

第二节　企业管理与科技发展建设融合的优化策略

一、提升企业创新能力

随着科技的快速发展，企业之间的竞争越来越依赖于创新能力。在这个背景下，企业管理与科技发展建设的融合变得尤为重要。为了优化这一过程，企业需要从三个方面入手：加大研发投入、培养创新人才和构建创新平台。

（一）加大研发投入

研发投入是企业创新的基础。它不仅包括对新技术、新产品的研发，还包括对现有技术的持续优化和升级。加大研发投入可以增加企业的核心竞争力，为企业赢得更大的市场份额。通过持续投入，企业不仅可以推动现有产品的升级，还可以发掘新的市场机会，推动业务的发展。加大研发投入应该成为企业管理的重要环节，必须给予足够的重视和投入。

（二）培养创新人才

人才是企业最重要的资源之一，尤其是在科技领域，人才的重要性尤为突出。创新人才不仅需要具备扎实的技术基础，还需要有创新思维和解决问题的能力。因此，企业需要加大对创新人才的培训和引进力度，为他们提供良好的工作环境和发展机会。同时，企业还需要建立完善的激励机制，鼓励员工进行创新，激发他们的创新热情。

（三）构建创新平台

构建创新平台是企业管理与科技发展建设融合的关键环节。通过搭建开放式的创新平台，企业可以吸引更多的创新人才和资源，提高创新效率和质量。这个平台应该包括实验室、研发中心、技术支持团队等，为企业提供良好的创新环境。同时，企业还需要建立完善的创新流程和管理制度，确保创新活动的顺利进行。

企业管理与科技发展建设的融合需要从加大研发投入、培养创新人才和构建创新平台三个方面入手。通过这些措施的实施，企业可以提升自身的创新能力，赢得更大的市场份额和竞争优势。

实施策略如下：

为了确保上述策略的有效实施，企业需要制订相应的实施计划和时间表。具体来说：

第一，设立专门的研发部门或团队，负责制订研发计划、组织研发活动、评估研发成果等。

第二，建立完善的激励机制，鼓励员工参与创新活动，并提供必要的资源支持。

第三，定期评估研发投入的效果，确保投入的合理性和有效性。

第四，定期组织内部培训和外部交流活动，提高员工的创新意识和能力。

第五，搭建开放式的创新平台，吸引外部创新人才和资源参与企业的创新活动。

第六，建立完善的创新流程和管理制度，确保创新活动的顺利进行和质量保证。

通过这些措施的实施，企业可以有效提升自身的创新能力，实现企业管理与科技发展建设的融合，赢得更大的市场份额和竞争优势。同时，企业还需要不断探索新的管理方式和科技创新模式，以适应不断变化的市场环境和技术发展趋势。

二、优化组织结构

为了更好地应对市场竞争和满足客户需求，企业需要优化组织结构，提升效率，以实现可持续发展。笔者在此提出三个优化策略，即简化组织层级、引入敏捷组织结构和加强跨部门协作。

(一) 简化组织层级

随着信息技术的不断发展，传统的层级式组织结构已经无法满足企业的需求。为了提高效率，企业需要简化组织层级，建立扁平化、网络化的组织结构。扁平化组织结构可以减少管理层级，提高信息传递速度和决策效率，同时可以增强员工的参与感和归属感。为了实现这一目标，企业需要加强内部沟通，建立有效的信息传递机制，并加强对员工的培训和激励，提高员工的综合素质和工作效率。

(二) 引入敏捷组织结构

敏捷组织结构是一种以项目为中心的组织结构，具有灵活性和快速响应能力。通过引入敏捷组织结构，企业可以更好地适应市场变化和客户需求的变化，提高市场竞争力。为了实现这一目标，企业需要将传统组织结构与敏捷组织结构相结合，建立一种灵活、快速响应的内部运作机制。同时，企业也需要加强内部沟通和协作，建立有效的跨部门协作机制，确保各部门之间的信息传递和协调一致。

(三) 加强跨部门协作

企业是一个整体，各部门之间的协作对于企业的发展至关重要。为了提高效率，企业需要加强跨部门协作，创建一种协同合作的工作氛围。首先，企业需要建立一种开放、包容的企业文化，鼓励员工之间的交流和合作。其次，企业需要加强跨部门培训和交流，提高员工之间的沟通和协作能力。最后，企业需要建立一种有效的跨部门协作机制，确保各部门之间的信息传递和协调一致。

三、强化数字化转型

为了提升企业的竞争力，我国需要强化数字化转型，从建立数字化战略、加强数据安全与隐私保护、利用大数据和人工智能技术优化决策三个方面着手，为企业发展提供强大动力。

(一) 建立数字化战略

数字化战略是企业管理与科技发展建设融合的关键，是实现企业转型升级的基础。首先，企业应明确数字化转型的目标，根据企业自身特点和市场需求，制定相应的数字化战略。其次，企业应注重技术研发，引入先进的数字化技术，如人工智能、大数据、云计算等，提升企业的核心竞争力。最后，企业还应注重人才培养，提高员工的数字化素养，为数字化转型提供人才保障。

(二) 加强数据安全与隐私保护

数据安全与隐私保护是企业管理与科技发展建设融合的重要一环。企业应建立健全数据安全管理制度，确保数据采集、存储、使用等环节的安全性。同时，企业应加强数据加密技术的研究与应用，确保数据在传输过程中的安全性。此外，企业还应加强员工的数据安全意识教育，提高员工对数据保护的重视程度。

(三) 利用大数据和人工智能技术优化决策

大数据和人工智能技术是企业优化决策的重要手段。企业应积极探索大数据的应用场景，通过数据挖掘和分析，为企业决策提供有力支持。同时，企业应注重人工智能技术的应用，如机器学习、自然语言处理等，提高决策的智能化水平。通过大数据和人工智能技术的应用，企业可以更好地把握市场趋势，提高决策的准确性和效率，从而提升企业的竞争力。

总之，企业管理与科技发展建设融合的优化策略包括建立数字化战略、加强数据安全与隐私保护、利用大数据和人工智能技术优化决策三个方面。这些措施的实施将有助于提升企业的竞争力，推动企业的可持续发展。

在未来的发展中，企业管理与科技发展建设融合的趋势将更加明显。企业应积极拥抱新技术，不断探索新的应用场景，以适应市场的变化和满足客户的需求。同时，企业还应注重人才培养，提高员工的数字化素养和创新能力，为企业的长远发展奠定坚实基础。只有这样，企业才能在激烈的市场竞争中立于不败之地，实现可持续发展。

四、加强人才培养与引进

随着科技的快速发展，企业管理与科技发展建设之间的融合变得越来越重要。为了更好地适应这一变化，企业需要采取如下优化策略：

(一) 加强内部培训，提升员工技能

为了使员工能够更好地适应新的工作环境，企业需要加强内部培训，提升员工的技能水平。这包括提供定期的技能培训、开展团队建设活动、鼓励员工参加行业会议和研讨会等。通过这种方式，员工可以不断更新自己的知识体系，提高自己的专业技能，从而更好地为企业服务。

(二) 引进外部优秀人才，优化人才结构

引进外部优秀人才是企业优化人才结构的重要手段之一。企业可以通过招聘会、网络招聘、猎头公司等途径，吸引具有丰富经验和专业技能的人才加入企业。这些人才可以为企业的技术创新、产品研发、市场营销等方面提供新的思路和方法，从而推动企业的发展。同时，企业还需要注重人才的多元化和国际化，吸引不同背景和经验的人才，优化人才结构，提高企业的整体竞争力。

(三) 加强人才流动，促进知识分享与交流

人才流动是促进知识分享与交流的重要手段之一。企业可以通过建立内部交流平台、鼓励员工之间的互动合作、组织团队建设活动等方式，加强人才之间的交流和合作。这样可以促进知识在不同部门、不同岗位之间的流动和分享，增强企业的整体创新能力。同时，企业还可以通过聘请外部专家、参与行业协会等方式，加强与外部机构的交流合作，促进知识的交流和分享。

企业管理与科技发展建设融合的优化策略包括加强内部培训、引进外部优秀人才、优化人才结构及加强人才流动，促进知识分享与交流。这些策略的实施需要企业从多个方面入手，包括提高员工的技能水平、吸引优秀人才、加强人才流动和知识分享等。通过这些策略的实施，企业可以提高自身

的竞争力和创新能力，实现可持续发展。

具体实施这些策略时，企业还需要注意以下几点：

第一，制订明确的培训计划和目标，确保培训内容符合企业的实际需求和发展方向。

第二，建立有效的招聘渠道和评估机制，确保引进的人才具备较高的专业素质和技能水平。

第三，建立健全的人才流动机制和奖励机制，鼓励员工之间的互动合作和知识分享。

第四，积极参与到行业协会和公共事务中，增强企业的社会责任感和影响力。

五、加强企业精神层面文化建设

(一) 加强企业文化建设

企业文化是企业发展的重要支撑，是企业凝聚力和向心力的源泉。因此，加强企业文化建设是企业管理与科技发展建设融合的基础。首先，企业应该重视企业文化的建设，将其纳入企业的发展战略中。其次，企业应该积极营造创新、进取、合作、诚信的企业文化氛围，激发员工的创新精神和团队协作精神。最后，企业应该通过各种渠道和方式，如培训、讲座、座谈会等，加强企业文化的宣传和推广，使企业文化深入人心。

(二) 弘扬创新精神

创新是企业发展的动力和源泉，是企业核心竞争力的重要组成部分。因此，企业管理与科技发展建设融合的过程中，应该积极弘扬创新精神。首先，企业应该建立创新机制，鼓励员工提出新的想法和建议，激发员工的创新热情。其次，企业应该加大对科技创新的投入，引进先进的技术和设备，提高企业的科技创新能力。最后，企业应该营造一个开放、包容、自由的创新环境，使员工敢于尝试、敢于失败、敢于创新。

（三）强化企业文化宣传

强化企业文化宣传是企业管理与科技发展建设融合的重要手段。首先，企业应该通过各种渠道和方式，如企业内部网站、微信公众号、内部刊物等，加强企业文化的宣传和推广。其次，企业应该积极开展各种企业文化活动，如团队拓展、文化讲座、文艺演出等，增强员工的归属感和凝聚力。最后，企业应该建立企业文化宣传的长效机制，将企业文化宣传纳入企业的日常工作中，使其成为企业发展的重要组成部分。

（四）培养共同价值观

共同价值观是企业管理与科技发展建设融合的关键因素。只有员工对企业价值观达成共识，才能形成强大的凝聚力和向心力。因此，企业应该积极培养员工的共同价值观。首先，企业应该通过培训、讲座等方式，使员工了解企业的核心价值观和企业的发展战略。其次，企业应该通过各种渠道和方式，如内部评选、奖励制度等，鼓励员工践行企业的价值观。最后，企业应该建立有效的反馈机制和激励机制，使员工能够及时反馈自己的意见和建议，同时给予员工相应的奖励和激励。

（五）强化团队凝聚力

团队凝聚力是企业管理与科技发展建设融合的重要保障。只有强大的团队凝聚力才能激发员工的积极性和创造力。因此，企业应该强化团队凝聚力。首先，企业应该建立良好的沟通机制和反馈机制，增强团队之间的信任和协作。其次，企业应该通过各种团队活动和培训项目，增强员工的团队意识和协作能力。最后，企业应该营造一个和谐、友善、包容的工作环境，使员工能够充分发挥自己的能力和潜力。

（六）塑造企业文化品牌

塑造企业文化品牌是企业管理与科技发展建设融合的最终目标。只有形成有影响力的企业文化品牌，才能更好地推动企业的发展。因此，企业应该积极塑造企业文化品牌。首先，企业应该提炼出独特的企业文化理念和价值观，并将其贯穿企业的各个领域中。其次，企业应该通过各种渠道和方式宣传企业文化品牌，使其成为企业的核心竞争力之一。最后，企业应该积极参与各种社会活动和公益事业，扩大企业的社会影响力。

六、建立健全的团队沟通机制

团队沟通是团队协作的基础，企业应该建立健全的团队沟通机制，促进成员之间的交流和协作。例如，设立定期的团队会议就是一个很好的方式。在团队会议中，成员可以分享工作心得，交流工作经验，讨论工作中遇到的问题，以及分享成功案例。这种交流不仅能提高团队的协作能力，还能激发员工的创新思维。

此外，企业还可以通过建立内部通信平台、使用即时通信软件等方式，加强成员之间的在线沟通。这些工具不仅方便快捷，还能提高沟通效率，使团队成员能够迅速获取和分享信息。

七、培养团队成员的协作精神

企业应该注重培养团队成员的协作精神，鼓励成员之间相互支持和帮助。这不仅有助于提高工作效率，还能增强团队的凝聚力。企业可以通过培训、讲座等形式，提高员工的团队协作意识和能力。此外，企业还可以设立一些激励机制，如团队奖金、优秀团队评选等，以激发员工的团队协作热情。

八、利用科技手段优化企业管理

随着科技的不断发展，企业可以利用科技手段优化企业管理。例如，引入数字化管理系统可以提高企业的工作效率和管理水平；通过使用自动化工具，企业可以减少人工操作、降低错误率、提高生产效率。此外，企业还可以利用大数据和人工智能等技术，对市场趋势、客户需求等进行深入分析，从而制定更精准的营销策略和产品开发方向。

九、强化创新驱动发展战略

在当今全球化的竞争环境中，企业管理与科技发展建设的重要性日益突显。为了应对日益复杂多变的市场环境，企业必须将创新作为核心驱动力，通过强化创新驱动发展战略，实现企业管理与科技发展建设的融合。为此，笔者下面将提出一些优化策略以实现这一目标：

(一) 持续加大研发投入，建立产学研用合作机制，推动科技成果转化

企业应持续加大研发投入，以支持研发部门开展技术创新和产品开发。通过不断投入，企业可以保持技术领先地位，提高产品附加值和市场竞争力。此外，企业应建立产学研用合作机制，与高校、科研机构和企业建立紧密合作关系，共同开展技术研究和成果转化。这种合作模式可以促进知识共享和创新资源的有效利用，加快科技成果的产业化进程。

(二) 鼓励内部创业，激发全员创新意识，构建开放合作的创新生态

企业应鼓励内部创业，通过设立创业基金、提供创业培训和资源支持等方式，激发全员创新意识。内部创业不仅可以为企业带来新的业务增长点，还可以培养员工的创新意识和创业精神。同时，企业应构建开放合作的创新生态，与产业链上下游企业、科研机构和社会组织建立紧密的合作关系，共同开展技术研发和产业合作。这种开放合作模式可以促进知识流动和资源共享，提高企业的创新能力和市场竞争力。

(三) 优化组织结构，加强人才队伍建设

为了适应创新驱动发展战略的需求，企业应优化组织结构，加强人才队伍建设。企业应建立扁平化、灵活性的组织结构，提高决策效率和响应速度。同时，企业应注重人才培养和引进，提高员工的技能水平和综合素质。总之，通过加强人才队伍建设，企业可以吸引和留住优秀人才，为创新驱动发展战略提供有力的人才保障。

(四) 加强知识产权保护和管理

知识产权是企业技术创新和成果转化的重要保障。企业应加强知识产权保护和管理，建立健全知识产权管理制度，加强对知识产权的申请、维护、运用和管理。通过加强知识产权保护和管理，企业可以保护自身的技术创新成果，提高市场竞争力。

(五) 加强数字化转型和智能化升级

随着数字化和智能化技术的快速发展，企业应加强数字化转型和智能化升级。通过引入先进的技术和管理方法，企业可以提高生产效率、降低成本、提高产品质量和客户满意度。同时，数字化和智能化技术还可以为企业提供数据支持和分析，帮助企业更好地了解市场需求和竞争态势，为创新驱动发展战略提供有力支持。

十、构建学习型组织

随着科技的飞速发展，企业管理与科技发展建设之间的融合日益重要。为了适应这个变革，企业需要构建一个学习型组织，通过持续学习、培训、交流和实践，不断提升团队整体素质和科技应用能力。以下是一些具体的优化策略：

(一) 建立持续学习的文化氛围

1. 设立学习基金

企业应设立专门的学习基金，用于支持员工参加各类专业培训和研讨会，鼓励员工自我提升。

2. 建立学习平台

企业应建立内部学习平台，提供各类在线课程、讲座和资料，方便员工随时随地学习。

3. 鼓励分享交流

企业应鼓励员工分享学习心得，交流工作经验，通过集体智慧共同进步。

(二) 适应科技变革

1. 科技投入

企业应加大对科技研发的投入，积极引进新技术、新设备，提升企业的科技实力。

2. 培养科技人才

企业应重视对科技人才的培养和引进，建立完善的科技人才梯队，为企业的科技发展提供人才保障。

3. 关注行业动态

企业应密切关注科技发展趋势，及时调整战略，以适应科技变革。

(三) 提升团队整体素质和科技应用能力

1. 培训

企业应定期组织各类培训活动，包括技术培训、管理培训等，提升员工的综合素质。

2. 交流

企业应鼓励员工之间的交流合作，通过共同解决问题、分享经验，提升团队整体素质。

3. 实践

企业应提供实践机会，让员工在实际工作中应用新技术、新方法，提升科技应用能力。

(四) 优化组织结构和管理体系

1. 扁平化组织结构

企业应采用扁平化组织结构，减少管理层次，提高决策效率和响应速度。

2. 创新管理体系

企业应建立创新管理体系，鼓励员工提出创新想法和建议，激发员工的创新精神。

3. 激励机制

企业应建立完善的激励机制，鼓励员工积极学习、应用新技术，提高员工的积极性和忠诚度。

十一、注重风险防控

在企业管理与科技发展建设融合的过程中，风险防控是至关重要的。随着科技的快速发展，企业可能会面临数据泄露、网络安全、技术过时等风险。因此，企业需要建立完善的风险管理体系，确保在面对各种风险时能够迅速、有效地应对。

优化策略如下：

(一) 建立风险评估机制

企业应建立一套完整的风险评估机制，定期对内部和外部环境进行风险评估，识别潜在的风险因素，并制定相应的应对措施。此外，企业还应建立风险信息共享平台，确保各部门之间的信息流通，提高应对风险的协同效应。

(二) 强化数据安全与隐私保护

在企业管理与科技发展建设融合的过程中，数据安全和隐私保护是重中之重。企业应采用先进的数据加密技术、访问控制机制和备份策略，确保数据的安全性和完整性。同时，企业还应加强员工的数据安全意识培训，提高全员的数据保护意识。

(三) 推进科技创新与风险管理相结合

一方面，企业应积极推进科技创新，引入先进的技术手段和管理模式，提高企业的整体竞争力和创新能力。另一方面，企业还应将科技创新与风险管理相结合，确保科技创新不会带来新的风险，并为企业带来更多的商业价值。

(四) 加强人才培养与引进

企业应注重人才培养和引进，建立一个具备科技素养和风险管理意识的团队。通过培训和交流，提高员工的科技素养和风险管理意识，为企业管理与科技发展建设的融合提供有力的人才保障。

企业管理与科技发展建设融合的过程中，注重风险防控是至关重要的。企业应建立完善的风险评估机制、强化数据安全与隐私保护、推进科技创新与风险管理相结合、加强人才培养与引进。通过这些措施，企业可以有效地降低风险，提高企业的整体竞争力和可持续性。同时，企业还应关注行业动态和技术发展趋势，不断调整优化策略，以适应日益复杂多变的市场环境。

结束语

在探索企业管理与科技发展建设的道路上，我们见证了无数的挑战与机遇，也见证了创新与进步的力量。在过去的篇章中，我们深入探讨了如何将科技力量融入企业管理，如何以科技为驱动，提升企业的竞争力，如何通过科技发展建设，推动企业的持续创新。此刻，让我们回首过去，我们不仅见证了科技的快速发展，更看到了企业管理的灵活适应性与创新变革。从自动化生产到智能供应链管理，从数据驱动决策到数字化营销，科技的广泛应用为企业带来了巨大的效益。而这些改变也推动了整个行业的进步，提升了整个社会的生产力。

然而，我们也要看到，科技发展并非一帆风顺。在科技发展的道路上，我们面临着数据安全、隐私保护、技术更新换代等问题。这就需要我们以更加开放、包容的态度去面对这些挑战，以更加严谨、科学的态度去解决这些问题。

企业管理与科技发展建设，两者相辅相成，共同推动着企业和社会的前行。企业管理需要科技的力量，以创新和科技手段优化管理流程，提升企业的运营效率。科技发展建设则需要企业的参与，通过实践和探索，推动科技在企业管理中的应用，实现科技与企业的深度融合。

在未来的道路上，企业管理需要更加注重科技的力量，利用科技手段解决管理难题，提升企业的核心竞争力。同时，科技发展建设也需要关注企业的实际需求，以企业的成功为出发点，不断探索和实践，推动科技在各个领域的广泛应用。

让我们共同期待一个更加智能、高效、创新的企业管理新篇章，同时也期待科技发展建设为我们的生活和工作带来更多的便利和惊喜。让我们携手并进，共创美好的未来！

参考文献

[1] 黄徐亮，徐海东.科技金融政策与新质生产力发展[J].财经论丛，2024(10)：1-15.

[2] 王文龙，李天荣.以种业科技创新支撑现代农业发展[N].南昌日报，2024-10-11(003).

[3] 侯张华.内部控制视角下企业绩效管理与控制策略研究[J].商场现代化，2024(22)：91-94.

[4] 刘凯.大数据时代企业人力资源管理的问题与策略[J].商场现代化，2024(22)：101-103.

[5] 胡斌.基于大数据技术的企业风险管理研究[J].商场现代化，2024(22)：114-117.

[6] 谢亮.企业内控管理水平提升的策略分析[J].商场现代化，2024(22)：110-113.

[7] 刘坚.新形势下企业经济管理创新思路探究[J].商场现代化，2024(22)：135-137.

[8] 杜玉娟.人工智能对企业管理模式的影响分析和对策研究[J].商场现代化，2024(22)：132-134.

[9] 崔鑫.大数据时代云会计在企业全面预算管理中的应用研究[J].商场现代化，2024(22)：153-156.

[10] 余欣泉，艾文琦.新形势下企业经济管理的创新策略[J].商场现代化，2024(22)：126-128.

[11] 赵嘉政.中国将引领世界科技发展新浪潮[N].光明日报，2024-10-09(012).

[12] 赵永刚.科技赋能新质生产力创新引领高质量发展[N].乌海日报，2024-10-09(002).

[13] 常昱伟.数字经济发展对科技创新性企业税收的影响研究[J].石河

子科技，2024(5)：73-75.

[14] 党建民.科技成果转化效率提升路径及策略研究 [J].科技与创新，2024(19)：152-154.

[15] 尉迟天琪.为科技成果转化多谋良方 [N].宁夏日报，2024-09-26（004）.

[16] 卢扬，王蔓蕾.南中轴国际文化科技园，建设"文化＋科技"新地标 [N].北京商报，2024-09-26（003）.

[17] 李珂.加快推进科技自立自强，建设高水平创新型省份 [N].福建日报，2024-09-26（002）.

[18] 谢笑珍，刘妍菲.高校科技成果转化平台运行机制研究——以 MIT 全球产业联盟为例 [J].中国高校科技，2024(9)：25-30.

[19] 何璐，徐伟.我国科技成果转化政策文本的量化研究 [J].科技和产业，2024，24(18)：34-42.

[20] 王凡俊.企业实施科技成果转化的关键因素与实践 [J].科技和产业，2024，24(18)：277-287.

[21] 叶伟.我国科技强国建设步伐稳健 [N].中国高新技术产业导报，2024-09-23（001）.

[22] 孙萍.让科技成果转化走上"快车道" [N].陕西日报，2024-09-23（001）.

[23] 张安琪.科技成果转化，南京一"贯"到底 [N].南京日报，2024-09-20（A01）.

[24] 肖宁，田艳琴.深化科技体制改革建设特色科技强市 [N].铜仁日报，2024-09-20（002）.

[25] 赖栋才，覃江峰.当阳：科技赋能助力智慧警务建设提档升级 [N].人民公安报，2024-09-20（006）.

[26] 章韬.我国高校院所科技成果转化"成绩单"公布 [J].科教文汇，2024(18)：1.

[27] 高质量科普为科技强国建设筑牢根基 [N].科技日报，2024-09-18（001）.

[28] 冯家照，高建进.科技创新引领新质生产力发展 [N].光明日报，

2024-09-18（003）.

[29] 晋浩天.破解高校科技成果转化难题 [N].光明日报，2024-09-18
（008）.

[30] 本刊讯.锚定建设科技强国目标构建同科技创新相适应的科技金融
体制 [J].中国石油和化工，2024（9）：22.

[31] 葛红林.以科技引领支撑有色强国建设 [N].中国有色金属报，
2024-09-05（001）.

[32] 刘冬梅，蔡笑天.加快建设世界科技强国的根本遵循 [J].前线，
2024（9）：58-61.

[33] 贾清，薛莹.数字化时代科技馆建设浅谈 [J].科技风，2024（25）：
1-3.

[34] 郭沛宇.以科技引领支撑有色强国建设 [N].中国有色金属报，
2024-09-03（001）.

[35] 葛星星，金丽珍.以科技创新为引领助力数字经济建设 [N].台州日
报，2024-09-03（008）.

[36] 袁莉莉，张晶.加快数字科技赋能我国应急物资保障体系建设 [J].
中国减灾，2024（17）：36-39.

[37] 陈蓓，雷丹.新时代科技人才队伍建设实践 [J].四川劳动保障，
2024（8）：61-62.

[38] 汤志华.围绕制造强国建设布局科技创新 [J].智慧中国，2024（8）：
38-39.

[39] 张雨东.深化科技体制改革加快科技强国建设 [J].民主，2024（8）：
9-11.

[40] 武诗媛.大数据时代的企业管理研究 [M].北京：中国商业出版社，
2024.

[41] 张道海，金帅.企业信息化管理与创新 [M].北京：机械工业出版
社，2024.

[42] 何潮俊，董明娟，陈伟俊，等.高科技企业创新管理 [M].北京：企
业管理出版社，2024.

[43] 纪洪元，龙腾飞，刘然.现代企业管理基础研究 [M].北京：中国纺

织出版社，2023.

[44] 朱影影，王新艳.企业管理方法与创新研究 [M].长春：吉林人民出版社，2023.

[45] 丁政.企业管理与创新创业 [M].广州：广东高等教育出版社，2023.

[46] 孙胜显.企业管理沟通理论与技巧 [M].长春：吉林出版集团股份有限公司，2023.

[47] 陈有毅，麦准珍.现代企业管理运营与实务的创新研究 [M].长春：吉林人民出版社，2023.

[48] 尹泽诚，杨毓.现代企业管理基础与实务创新研究 [M].长春：吉林出版集团股份有限公司，2023.

[49] 张玉华，原振峰.高校科技成果转化嵌套共生平台治理范式研究 [M].上海：上海交通大学出版社，2023.

[50] 李华.高校科技成果转化对策研究 [M].北京：燕山大学出版社，2023.

[51] 祁红梅，张路路.促进高校科技成果转移转化机制研究 [M].北京：中国社会科学出版社，2023.

[52] 李华.高校科技成果转化对策研究 [M].北京：燕山大学出版社，2021.

[53] 唐五湘，黄伟.科技成果转化的理论与实践 [M].北京：方志出版社，2006.

[54] 刘玉芳，王荣梅，许强，等.北京市促进科技成果转化条例释义 [M].北京：中国法制出版社，2021.

[55] 彭文晋.科技成果转化概论 [M].广州：羊城晚报出版社，2008.

[56] 徐辉，费忠华.科技成果转化及其对经济增长效应研究 [M].广州：中山大学出版社，2009.

[57] 刘洪涛，董金友.自主创新与科技成果转化 [M].郑州：河南人民出版社，2008.

[58] 董朝斌.新经济与科技成果转化 [M].上海：上海科学普及出版社，2001.